大夏书系·通识教育

美的邂逅

——中国文化的教育启示

包祥 著◎

上海
著名商标市 华东师范大学出版社

ECNUP 全国百佳图书出版单位

教育，应信仰人类的发展规律。

——作者题记

自序　从中国文化中萃取教育的原意

　　一个民族的安定与伟大复兴，需要教育——这是一股强大的原始力量。教育兴，则人才辈出，民力丰沛，国力向上。教育，国之命脉，民族兴旺之大举。

　　教育在哪里？在中国文化里。昔贤有言："中国文化存，则中国兴。""中华民族的伟大复兴，首先要复兴文化。"

　　对《红楼梦》等名著，对整个中国文化，我有一种朝圣感。敬字惜纸，在于敬重文化，敬重其中的教育。我喜欢阅读名著，游历其中，试图读懂，并与教育链接，从中萃取出教育的原意，一直在执著，痴迷地执著。

　　"读古书以训诂为本。"对中国文化、对名著，我非盲目，非寻章摘句，更不是舞文弄墨，而是从敬意中汲取，取其"金石之理"，从和合中把握，把握人类发展规律，从深思中奋起，寻找教育之路。

　　名著时常让我思考。如《红楼梦》里富贵荣华的"大观园"，为何就那么容易"忽喇喇似大厦倾"，"落了片白茫茫大地真干净"？知天文、晓地理，满身是智慧的诸葛亮辅佐刘备为何不能统一天下？弱不禁风的唐僧何以能领导有天大本事的孙悟空西天取经成功？……这些耳熟能详的故事里蕴含的道理，对当下的教育有何启发？

　　细细品读，名著里有许多关于教育的论述，教育的故事，教育思想，或对教育直接和间接的启示。

　　何为教育？其实任何定义都是不智的，都是无法说清楚其内涵和本质的。"道可道，非常道"。

教育，应信仰人类的发展规律。

我在《教育原来如此美好》一书的扉页上写道："只有对人类社会发展的透彻领悟，才能真正懂得教育。"

"一个人永远也走不出他的童年。有个好的童年，便会有好的人生。"这是我写在《自然生长教育——包祥讲家教八部曲》扉页上的。

这些是教育吗？是。教师要读懂儿童，才能真正读懂教育；教师要读万卷书，行万里路，才能读懂教育。读懂儿童尤为重要。不懂儿童，就会对空说教；不懂儿童，则是按照大人的主观愿望在做教育；不懂儿童，教育就必然会走弯路。

《周易》等经典中蕴含的古老的智慧能给我们今天的教育以启示；《三国演义》《西游记》《红楼梦》等名著给我们今天的教育以启示，甚至指导。伟大的思想都有顽强的生命力。

教育在哪里？教育的路在哪里？我倾注三十几年的时间在寻找。我的教育路有三。

一是教育实践。三十几年，我教课，做班主任，出任公办、民办学校校长，在教育的第一线实践、探索着。

二是在路上。我从首都北京、中原郑州到全国各地讲学，北到哈尔滨、齐齐哈尔，南至深圳、昆明，东临山东半岛的烟台、威海、青岛，西达西宁等，又去欧美38个国家和地区访问、讲学、探寻。

三是读书。从《易经》《论语》《大学》《中庸》《三国演义》《西游记》《红楼梦》等书中，寻找古圣贤对教育的论述，寻找名著对教育直接或间接的启迪。

教师，应养成学问家之风格。

名著是好书。好书可以使平凡的人伟大起来；好书不会沉默，不会一时性地满足人的心理需求；好书都闪耀着真理和智慧的光芒，浓缩着真诚和博爱；好书甚至不属于一个时代，而属于所有的世纪；好书是不朽的、永恒的！

教育就在好书里，在名著里，在中国文化里。

《红楼梦》有鲜明的特点。林黛玉、贾宝玉等在当今相当于我们的小学高年级和初中生，他们有自由和个性解放之诉求，反对一切束缚和妨碍发展的家庭环境和道德观念。若读懂《红楼梦》，会读懂儿童少年，你一定是一位优秀的班主任老师。

《西游记》，一部浪漫的巨著，一部美学的典范。读懂《西游记》，会是懂得美的老师。

《三国演义》满篇是智慧。

读《论语》，好像孔子就坐在我对面，我在与活着的孔子聊天，聊教育。"有朋自远方来，不亦说乎？"

中国文化里蕴含着教育，我们的教育来源于中国文化。

当我们重新思考教育，寻求教育新路时，我思考：学校最大的价值在哪里？应该是在纷繁复杂的不确定世界中，帮人找到确定性存在。这个确定性，在某种程度上就是中国文化中蕴藏的中华民族的心理结构与共识，以及特有的精神基因，这是当下教育突出重围之路。

中国文化及名著里有中华民族的共识，有教育的共识，或我们可以从中提炼出教育的共识。本书就在倾心叙说着这件事。

中国与西方社会的历史、文化与环境条件存在着"东西二化，绝然悬殊，人心风俗，不可卒变"的巨大差异。西方教育值得我们悉心研究和借鉴，但不可盲目效仿。

美艳给人疏离感。美好的中国文化，大大地疏离了现代的人们；美好的、真正的教育也疏离了现代的人们。为何？在功利浮躁的社会背景下，人们崇拜金钱，盲目于西方教育，忘记了我们民族自己的价值与共识。

现代教育人不应疏离孔子的"有教无类""因材施教""不愤不启，不悱不发"等这么好的教育思想；不应疏离"迷时师度，悟了自度"的教学方法；不应疏离朱熹的"涵泳"读书；不应疏离张载的"为天地立心，为生民立命，为往圣继绝学，为万世开太平"的知识分子使命。疏离了，教育的问题就来了。

我预测，未来的学校，冷硬的纯知识课程或许不那么重要，艺术课、哲学课、心理课、思维创意课，这些现在被忽略的课，却可能变成主课。而这些恰恰在我们的中国文化里，在名著里，在我们中华民族的心理结构与共识里。

网络时代，资料性的内容学生自己很容易得到，教师的价值在于：如何将宏观寓于微观，如何由感性呈现理性，如何用具体说抽象。这些在《西游记》等名著里有精美绝伦的演绎。

顺天者逸，逆天者劳。事理合，才是道。

书的方寸之地，可纳百川，而名著之坊，可容古今，教育就在其中。

我的教育文章都有朴学的风格，质朴叙事，没有那么多论述，素朴易懂；我的教育文章又有散文风格，读来轻松。

这是我用三十几年的岁月来与你相遇，相遇在《美的邂逅——中国文化的教育启示》。

亲爱的读者朋友，亲爱的老师们，让我们一起感恩生命中这种美好的相遇！

乙未岁末于郑州自然生长教育研究院

目　录

第二辑　邂逅文学经典

第三辑　邂逅文化智慧

第一辑

邂逅思想源头

1.《易经》的教育启示

1.1 行动不应超越本位

《易经》是人类文明的"金字塔"

黑格尔称拿破仑为"骑在白马上的时代精神"的英雄。拿破仑这位英雄率领他的远征军所向披靡来到埃及，当他们远远地看到巍然耸立的金字塔时，几乎所有的人都被震撼了。他们停下了脚步，放下武器，拿破仑以发自内心的崇敬，庄严地对他的远征军说：士兵们，4000 年前的历史正在从这金字塔上看着你们。

而《易经》是我们中华民族的"金字塔"，是人类文明的"金字塔"，是中华民族文化的瑰宝，当然也是教育的瑰宝。

我喜欢《易经》，研读多年。《易经》中既有自然科学，又包含人伦道德。易经文化把人生看作春夏秋冬，0 至 20 岁是春天，是人生的过程；20 至 40 岁是夏天，是人长的过程；40 至 60 岁是秋天，是人收获的过程；60 岁以后，是人冬藏的过程。当然，现在的人们比较健康长寿，可以延续到 70 岁开始冬藏。

《易经》里有教育吗？有。《易经》里不但有教育，而且深刻揭示了教育的真谛。

如蒙卦中的"匪我求童蒙，童蒙求我"，就是讲述学与教的关系。儿童天生就爱学，遇到问题问妈妈，问老师，不是老师"培养"学生学习的积极性，更不是逼迫学生学习。

《易经》中说："同声相应，同气相求。水流湿，火就燥。云从龙，风从虎。"意思是天地万物之间相互感应，具有相似性质的物质会自然地结合在一起。这对于我们认识儿童的本能和天赋，认识不同类型儿童的性格，实施"因材施教"，有极大的帮助。

曼德拉是南非首任黑人总统，是一位世纪老人。曼德拉在其著述里说：对我做总统工作产生积极影响的，影响最大的，是我儿时的游戏活动。他举例的男孩儿那种武力游戏、智慧游戏，有些像我们儿时骑竹竿子马的游戏。

童年的游戏对一个人的未来多么重要。人一生都有童年的影子。把儿童从各种学习班中拉出来吧，带他们到大自然里，看日出日落，看河水流动，看鸟儿飞翔，看花开花谢，听天籁之音，数星星，玩沙子，玩水。智慧在玩中生发，伴随着玩，儿童自己的经验积累，将成为他们一生宝贵的财富。

男孩女孩生长之路径

我把《易经》八卦比为一家八口人。爸爸妈妈有三个儿子，三个女儿。乾卦是爸爸，坎卦是少男，艮卦是中男，震卦是长男；坤卦是妈妈，兑卦是少女，离卦是中女，巽卦是长女。

乾卦：象征天，是独立，具有万物创始的伟大天圆，亨通顺利的成长，祥和有益前进，贞正坚固。乾是父卦，是生命之源。

父亲是一家之主，是家里的顶梁柱。父亲的"父"字，是两个大板斧交叉在一起，是安全的象征。父亲是责任，是担当，是开天辟地的勇士。一家前行，父亲遇山开路，遇水搭桥。晚上有人敲门，是父亲去开门，而非母亲或其他人。父亲是力量的象征。最早的物理学，在解释"力"时，在"力"字旁边画了一个男人的手臂。多少女儿说，嫁男人，就嫁给父亲一样的男人。多少女人说，嫁男人，是靠在有力量的肩膀上。

坤卦：坤是地，是包容，坤德似地厚，坤德品坚贞，坤德可海涵。广阔无垠的大地，是生成万物的根源，它柔顺地秉承天道的法则。坤是母卦，是承载生命。

记得小时出去玩儿，每次回到家，远远地就喊"妈妈"。若妈妈在院子里，就飞扑到妈妈怀里。母亲是亲情的象征，母亲就是家。母亲在哪里，家就在哪里。母亲能包容我们所有的行为，包括我们的缺点和错误。无论我们走过万水千山，我做事业收获喜悦或遇到困难时，都会想起母亲。"男儿志在四方""忠孝不能两全"，母亲把儿子推出去；当听说儿子遇到困难或挫折时，母亲又不忍，呼唤儿子回来吧，回到自己身边。这就是母亲，伟大的母亲。

坎卦：象征水，人们离不开水，水又有险。坎是"习坎"，即见得多，接触多。坎是朝气蓬勃的少男，要恒久保持守信勇敢、善于闯险的美德。

勇敢闯险是少男们的鲜明特征，这是少男的珍贵本能和天赋。少男正值小学生年龄，正是奇思妙想的年龄，他们异想天开，探险闯险，有"初生牛犊不怕虎"之无畏。我们大人，尤其是家长、教育人，理应对他们特别保护。所谓保护，就是给他们空间，给他们时间，给他们自主，给他们自由，容忍他们不符合大人尺度的行为。

学校应为四年级以上的学生开设少男课，即以"勇敢闯险""守信智慧"为主的课程。

少男是希望，是一家之希望，是一个民族的希望。

教育人既要能保护少男的"勇敢闯险"，又要他们有秩序，而非无政府主义，自由主义。这就是教育的度。

兑卦：象征泽，是喜悦，是少女，她脾气和顺，性情如水，悦容喜色，尊父敬母，应对裕如。兑卦是幽默，包含宇宙万物，高超益世的人生处世态度。

少女是小学生，主要是小学四年级以上的学生。她们"脾气和顺""性情如水""悦容喜色"。学校应为四年级以上的女学生开设少女课，让女孩儿从少女开始，益世、幽默、包含宇宙万物。少女是优雅的开始，是优雅的代表。女孩儿天生就有此本性，让她们呈现出来，绽放出来。这样大地是安全的，家是安全的，我们这个民族是安全的。"安"字，是家里有女人，有贤妻良母，家有贤妻，不遇横事。

少女是未来安全的家，少女是未来的贤妻良母。

我在呼吁，一直在呼吁，我们国家应该对女童实施免费教育直到大学。只有培养一代优秀的妈妈，才能实现中华民族的伟大复兴。

离卦：象征火，是依附燃烧的忠诚。明霞艳照，丽火映天，辉煌灿烂，这是离火光照。离是中女，即少妇，最为丰美迷人，是不"离德"而"丽德"。

巽卦：象征风，哪里都吹得进去，是风与顺，是长女，以顺逊阴柔为品性，喜伏喜齐喜人，顺风齐物。"随风巽"主张果断行事，善于合作，成就大业。

艮卦：象征山，是自约、止步，适可而止，动极生静，震极艮止。艮其背，不获其身；行于庭，不见其人。动静自如，知进识止。行动不应超越本位。艮卦是中男。

震卦：象征雷，是震动，自然和社会的大震动，是静观促变、临乱不惊、镇定从容的长者气质和风度。善于化险为夷。震卦是长男。

这就是男孩儿、女孩儿的长大路径。

男孩儿长大的过程，先是坎卦之少男，然后是艮卦之中男，之后是震卦之长男，最后到乾卦之父亲；而女孩儿长大中，先是兑卦之少女，再是离卦之中女，而后是巽卦之长女，最后是坤卦之母亲。

少男、少女即人的婴幼儿和少年时期，是生长的关键时期。少男、少女生长好了，中男、长男和中女、长女就自然而然能好。

每个人的生长过程，行动都不应超越本位，不超越人的本位，不超越中国人的本位，不超越男孩儿的本位，不超越女孩儿的本位。

中国儿童按照中国人的生长方式生长，是天经地义的，是本然的。著名的"严复悖论"，是以牛和马作比。为了让中国的牛跑得快，就拿来西方的马蹄子装到中国的牛腿上。而马蹄子要发挥作用，就必须以马的骨骼系统作为支持条件，马的骨骼系统又必须以马的肌肉系统为条件，马的肌肉又必须以马的血液、循环系统与神经系统为条件，等等。故事是在说明，将任何"单项引进"西方的教育方法或教学方法嫁接到我们的教育上，都很难发挥它应有的作用。而"全盘引进"又行不通。"中西二化，绝然悬殊。"中西社会由于各自的内在结构根本不同，简单地甚至盲目地引进西方的某些教育理论或教学方法，机械地运用，是这些年我国教育界出现的现象。而结果如何呢？不言而喻，盲目引进西方教育，混淆了我们自己的思想。

行动不应超越本位

有了语言，人类才能进行思维、记忆、想象，叙述人物和事物以及交流各种信息。儿童具有不同于成人的语言和精神世界。儿童有他们特有的想法、看法和情感。大人不可将自己的主观愿望强加于儿童。

您有如下的认识吗？"教育的智慧性是一种以儿童为指向的多方面的关心"，"教育智慧与其说是一种知识，不如说是对孩子的关心"。教育活动有多方面的使命，如对学生情感的丰富和发展，对学生生命价值的提升，而非简单的对知识的告知。若仅仅把孩子禁锢在知识的牢笼里，是多么可怕的事。

古人云："才者，德之资也；德者，才之帅也。"

儿童到了18岁，即是成年人了，应该是具有独立人格的人，有信仰追求的人，有探索创造的人，有大爱情怀的人。具有独立人格的人，不依赖权威，控制情绪的能力强，始终坚守自己的价值观，胸怀宽广，不畏惧别人的反对和轻视。万物并育而不相害，小德川流，大德敦化。此天地之所以为大也。

《易经》中说，"匪我求童蒙，童蒙求我"，这是学与教的关系。行动不应超越本位。儿童天生爱学习，他们每天都瞪着大大的眼睛在张望，在发现，在探索，有了疑惑问妈妈，问老师。这是多么好的画面，多么珍贵的镜头。儿童爱学习的天赋，被妈妈破坏了，被老师破坏了。老师们经常说，培养学生学习的积极性。其实，儿童天生就有爱学习的积极性。

宋代大儒朱熹主张"十五岁前学事，十五岁后学理"。对 15 岁前的儿童"说事"，不要讲"理"，更不要讲大道理。孟母三迁是在做事，孟母给孟子的教育，是以身示范。古代的家教，是以家规形成家风，以好的家风影响、熏陶孩子；以爷爷、爸爸这些长辈的有为示范给孩子们作榜样。他们很少说教。现在的教育说教太多，妈妈们每天在唠叨，老师们每天在开主题班会，在开大小班会，每天在教导。

8 的奥秘

中国古人喜欢数字"8"，如"八仙过海""八仙桌""八角楼""八卦"等。太阳系有八大行星。巧合的是，"8"是化学中一个非常重要的数字。原子最外层电子数达到"8"是稳定结构。当物质间发生化学反应时，即原物质的分子在一定条件下，或高温或高压或常温或常压或有催化剂的条件下，分子分开为原子，原子重新组合为分子，其奥秘是外层电子以 8 个为单位形成稳定结构。

8 是稳定结构，这是一个大自然的伟大奥秘，是人类的伟大奥秘。"天地是一大宇宙，人身是一小天地。"在教育行为上，儿童以 8 人为一个小组，是非常好的团队结构。

8 是人类的奥秘，教育需要 8 吗？需要。在艾瑞德国际学校，我设计了 8 人小组，每 8 个孩子为一个小组，4 个小组为一个班级。实践证明，8 人小组在孩子们的众多活动行为中，是积极的，是开阔的，是多元的。他们合作、表达、分享，是最佳的组合。每个孩子都有独立的倾向，又有合作的需求。8 人在教室里学习，在运动场上活动，在黄河边野炊，在探索一项科学秘密，都是最完美的合作组织。

走向幸福之路

老师们常说，培养幸福的人，让学生未来幸福。

那么每个人如何走向幸福呢？《易经》里的损卦、履卦、井卦和鼎卦会告诉我们。

损卦：损，相对于"益"。损卦："损。有孚。元吉。无咎。可贞。"意思是有诚信，最为吉祥，没有灾难，可以正固。在商业中有"损益表"，要获益，先支出。老子说："为学日益，为道日损，损之又损，以至于无为。"意思是，你追求学问，每天读书就是。若追求"道"，要追求真实，就要减少各种人为的想法、意见、观念、欲望。你一旦设计就会违背天道，故"为道日损"。

孔子有一位学生，叫闵损，字子骞。他以孝顺闻名。他的母亲是后母，虐待他，给他做的棉袄里填的是芦花。父亲知道后很生气，要休了闵损的后母。当时后母已经生了两个弟弟。闵损说："母在一子寒，母去三子单。"

损己利人，走向幸福。是也。

履卦：一切依礼而行。履，是鞋子，是走路。人生向前走，要依礼而行。礼，是规矩。"非礼勿视，非礼勿听，非礼勿言，非礼勿动"，即人在视、听、言、动时，要依礼，顺自然。孔子七十，方从心所欲，而不逾矩。

履卦，告诉我们教育学生、一生走路的重要性，要规矩走路，依礼走路。

井卦：井，是秩序。如井然有序，井井有条。井然有序是大家在井前排队取水，守秩序，守规矩。

古代的"井田制"，一块地，画一个"井"，有九块位置，中间的是公田，周围的八块是八家人耕种的私田。公田大家一起耕种，收成给国家。这八家人"出入相友，守望相助，疾病相扶持"。

鼎卦：由生到熟的过程。"三国鼎立""一言九鼎""问鼎中原"

的鼎象征着政权。鼎最初类似锅，能把生物做成熟食。

每个学生走向成熟的过程，就是开始损己利人，再按照礼的方式行动，然后做事与他人分享，最后走向成熟。

1.2　儿童是多么神奇的存在

蒙卦是教育

《易经》里有"蒙以养正，圣功也"。中国文学之源头是"六经"，而《易经》是六经之首。

《易经》第一卦是乾卦，第二卦是坤卦，第三卦是屯卦，而第四卦是蒙卦。蒙卦是说教育的。蒙卦是由艮卦和坎卦组成的。蒙卦，上面是艮卦，艮是山；下面是坎卦，坎是水。所以，蒙卦是山水蒙。也就是说，蒙卦上面是厚重的大山，下面是清澈的湖水。

早上起来，一片水蒸气上来，蒙蒙的，把山都遮住了，这是蒙的现象。童年，是蒙的现象。儿童对事物的认识是感性的，处于一种朦胧状态。所以，应与儿童说事不说"理"。

山是家，山下的泉是儿童；泉是家，泉流淌出来的小溪是儿童。山越高大越厚重，山下泉里的泉水则盈满鲜活；泉有清澈活水，从泉里流淌出来的溪流永不枯竭，一路欢歌，奔向远方，奔入大海。

"有天地，然后万物生焉，盈天地之间者唯万物。"

从《易经》开始，中国古代教育以人格教育为主，是"养正"。蒙是养育、育德、教育。

而现在的教育重视知识教育、技术教育、生活教育，而忽视了最重要的人格教育，违背了蒙的初始意义。

眼睛是心灵的窗户

人是天地间有欲望有情绪的生灵，对自己的喜怒哀乐有充分的体验和感悟，并能够推己及人，也能够从别人的情感流露中审视自己的心灵，审视自己的感情，从而体现出一种对于美好感情的感知与认同。人的心灵大可包容天地，胸怀万物，小则脆弱无助，援手之情也令自己不能忘怀，而这一切都蕴涵在我们的心灵之中。

人的视觉有思维能力。思维，从"看见"的瞬间就同时开始了；他所看见的，就是他所思维的，即"所见即所思"。眼睛不仅仅是外界万千事物的"感受器"，而且它变成了一种"理性器官"，它本身具有判断和领悟的功能即理性能力，它在"看见"事物的同时就产生了对事物内在特性和深层关系的领悟。

著名美学家鲁道夫·阿恩海姆曾说：人类有一种对本质的直接直觉能力，使"我们在一个个别事中一眼便'看'出了我们正想理解的'道理'，与此同时又直觉到它在其他事物中也必定如此"。眼睛有一眼看出事物本质的能力。

亲爱的家长朋友应该明白：孩子们的视觉和思考是在一起的，不是两件事，而是同一件事！感性认识器官和理性认识器官是合一的。

看来，"眼睛是心灵的窗户"有更深层的意义。孩子们看见的，就是他们思维的。所以，"看"是儿童人生的起步。

儿童是爆发着蓬勃智慧的源泉

我经常欣赏幼儿园小班的孩子，大大的眼睛，瞪着一个物件，很久不离开。孩子们一会儿哈哈大笑，一会儿又自言自语，神奇得很。

儿童是多么神奇的存在。只要你细心观察儿童的眼神，都会感到他们的神奇和神奇的存在。儿童不是一张白纸，儿童是一座神奇的山，是一片浩瀚的大海，是一片神奇的蓝天。

儿童是爆发着蓬勃智慧的源泉。儿童只要醒来，他们的所有活动，几乎就是一个喷发的源泉一样，是在喷发着智慧。他们追蝴蝶，做沙城，数星星，或是相互间斗心眼，给妈妈讲故事都在喷发着智慧。在大人眼里，无论是乖孩子，还是调皮孩子，他们都是这样，是智慧的源泉，是神奇的存在。

这是我对儿童的认知，对童年的认知。

人生的过程

十五志于学，三十而立，四十不惑，五十知天命，六十耳顺，七十随心所欲不逾矩。这是圣人孔子的人生重要阶段。

人生是个过程，让我们的孩子经历一个怎样的人生过程，是家长的选择。家长们有的在苦苦地选择，有的在理智地选择，有的在迷茫地选择，有的甚至是慌不择路地选择。

一个正常人，或真正成熟的人的人生一般都会有这样神奇的状态，即婴儿时期最原始的感性，幼儿时期固执的意志自由，学前时期的好奇、玩性和欢乐，刚刚上学时的愿意交往和求知欲，少年时期的理想主义和激情。

真正走向成熟的人，并未失去童年时最美好的天性。人生长的过程，不是逐渐失去大自然赋予的纯真天赋的过程，而是保持自然之子率真天性的同时，不断把前面的几个过程凝聚成新的人生画卷，以呈现成年人的稳重、见识、力量，对他人的感情，对社会及人类的责任心、担当等。

尊重与平等

尊重孩子，尊重孩子的自尊，没有尊重就没有儿童的自由。儿童的自尊心非常脆弱，像早上花瓣上的露珠一样，一碰就掉。孩子与家长是平等的，平等是儿童应有的权利，而非大人的恩赐。

一个活在虚荣中的家长不可能教给孩子踏实，一个刻薄的教师也不可能教会孩子宽容，而一个真正尊重孩子、给孩子以健康和爱的长辈，他哪里需要向孩子讲"尊敬长辈"的道理呢？给孩子作出表率，不仅是你在外人面前是什么样子，更重要的是你和孩子相处时是什么面貌。在外人面前你可能谨慎，可能伪装，孩子一般也看不到；而和孩子如何相处，你能教给孩子的则是最直接最有效的教材，你的真实的行为全写在那里面了。

儿童是多么神奇的存在

当我们仔细观察，认真观察，用心观察，就会发现儿童是多么神奇的存在。你观察儿童的所有行为，你会惊讶地发现，儿童是喷涌蓬勃智慧的源泉。

当我们经历孩子们长大的过程时，我们会得出这样的结论：对0～3岁的孩子，妈妈把亲情给他们是最重要的。如孩子把杯子弄坏了，妈妈说：宝宝没关系，妈妈仍然爱你。

一位6岁的孩子在河边自己捡来一块小石子，玩得爱不释手。回到家，爸爸给他一件新买来的精致的玩具，孩子却仍玩自己的小石子。这是孩子的珍惜，珍惜自己的劳动，珍惜自己的发现，珍惜自己的智慧。这就是孩子的神奇。

家长自己陪伴孩子，特别是对婴幼儿，陪伴是最好的教育。

我喜欢观察孩子们，观察孩子们的生长过程。

我经常欣赏1岁、2岁或3岁的儿童用他们大大的眼睛，盯着一个物件，久久地盯着，久久不离开的状态。儿童是用眼睛在发现这个世界，他们有极大的发现欲，他们天生就有发现欲。发现是儿童的天赋。

大自然是"养眼"的（让孩子们看到自然的、美好的、新鲜的事物）。家庭教育，就是要提供给孩子们看见的一切！孩子们看到的既有自然，又有妈妈、爸爸，自然是孩子眼中美好的一切，妈妈、爸爸是孩子心中美好的一切。

古人荀子将"天""天命""天道"自然化、客观化与规律化，在他的《天论》一文中有"列星随旋，日月递照，四时代御，阴阳大化，风雨博施，万物各得其和以生，各得其养以成，不见其事而见其功，夫是之谓神；皆知其所以成，莫知其无形，夫是之谓天"。

在荀子看来，天为自然，没有理性、意志、善恶好恶之心。天是自然天，而不是人格神。他把阴阳风雨等潜移默化的机能叫作神，把由此机能所组成的自然界叫作天。宇宙的生成不是神造，而是万物自身运动的结果。荀子的思想对我们认识儿童的自然生长有指导意义。

人的生命充满着无限的可能。一个小孩子，从婴儿学步、咿呀学语到上学，几年、十几年、几十年后，他读到硕士、博士，成了学者，有的在社会上发展得很好，很有成就。这就说明，人的生命充满着无限的价值。如何让每一个人实现他的生命价值？关键是儿时良好的家庭教育起步，关键是儿童按照自然生长的秩序生长着，关键是保护孩子的发现欲。

人对了，事就不会错

飞机降落时，要找准跑道，找准跑道，对飞机来说多么重要。人生也要找准"道"，家庭教育也要找准"道"。

每次讲学"家教八部曲"时，我都先出示"天道酬勤"四个大字。我让在场听讲学的家长朋友选出自己认为最重要的一个字。好多家长都选"勤"字。我说："勤"固然重要，人们常说我有位勤劳的妈妈，我们的民族是一个勤劳的民族。然而，"道"比勤更重要。"道"选对了，我们再"勤"，否则会南辕北辙。今天我们就是来找家庭教育的"天道"来了。"家教八部曲"就是家庭教育的天道。

接下来，我再出示一张世界地图，我说这是大家非常熟悉的世界地图。地图背后有一个非常有哲理的教育故事。周日，一位总经理在家带着 5 岁的儿子玩儿。突然，总经理接到公司电话，说急事要他过去处理。总经理拿出一张世界地图，分割成 10 个不规则的碎片，然后让儿子拼成完整的。总经理的原意是难为孩子一下，拖延时间。总经理西装革履一番后刚要出门，儿子说："爸爸，我拼成功了。"爸爸很是奇怪，过去看到儿子果然拼成功了。爸爸问他是如何拼成的，小男孩说:"世界地图的背面是一个人,我按照人的部位拼成的。"接下来,小男孩说了一句非常有意思的话。小男孩说:"爸爸,人对了,世界就不会错。"是啊,人对了,世界就不会错。人对了,事就不会错。这是多么有趣的一句话,多么有哲理的一句话。

家教,就是要让孩子"人对了";家教,就是让我们的孩子生长成为对的人;家教,就是家长选好家教的"天道"。

这时,有家长提出:如何让家教对呢?

这个问题提得非常好。

再然后,我出示一张画有湖水的图画纸,湖水里有大鱼和小鱼。我说,教育就是"大鱼带小鱼"。大鱼在前面游,小鱼跟在后面游。在平静的湖水里游,躲过暗礁游,迎着风浪游,扑食游。在过程中,大鱼影响着小鱼,小鱼模仿大鱼,渐渐地就学会了游泳,学会了生存。这就是教育,教育不是"说教",教育是大人的示范。家庭教育,是家长的示范。一个家庭,爸爸妈妈是好人,爷爷奶奶是好人,外公外婆是好人,我们的孩子就错不了。若六位大人有一位的行为稍微偏离,如妈妈整天玩微信,或爸爸晚上喝酒不回家,或奶奶爱嚷嚷,或姥姥总与邻居吵架等等,孩子就会麻烦。

一所学校,有千名学生,百名老师。老师们举手投足间优雅大方,有厚重的文化底蕴和开阔的视野,我们的学生错不了。倘若老师们不读书,整天无笑脸,训斥学生,想让学生好是不现实的。

一次讲"家教八部曲"的现场,听众张女士是一位非常爱干净的妈妈,她每次带小女儿出来,孩子都是干干净净的。孩子举手投足间的优雅,很像妈妈。这就是家教,家长是榜样,家长是示范。

对的人,首先要找准人生的跑道;培养对的人,要找准家教的天道;对的家教,是大鱼带小鱼。教育不是老师的满堂灌,一言堂,教育不是妈妈的唠叨;教育是妈妈的示范,是妈妈对孩子的示范;是老师的示范,是老师对学生的示范。

伤于外者必反其家

《易经》明夷卦的下一卦是家人卦，孔子解释为在外面受了伤的一定跑回家。不仅人如此，而且即使家畜也是如此。我们的文化，一百多年来，受西方文化的影响和刺激，变成现在的中不中、洋不洋或西化至极。幸好，现在慢慢地在回归，连外国人也开始学我们的文化了。这就是"伤于外者必反其家，故守之以家人"。

教育也如是。近百年中国的教育受西方教育的影响，西方教育固然有我们学习借鉴的内容，然而照抄照搬，甚至全盘拿来，这怎么可以。

没能发展出相生相克的理性力量时，就拥有过于发达的技术，是现代人类最大的不幸。其实，这是西方文化和技术。中国文化的太极和阴阳，就是辩证的。西方文化背景下的教育对中国教育冲击特别大，而又有夸张之势，危害极大。

10岁儿童想拥有百发百中的带有毒的弓箭，想拥有打遍天下无敌手的神奇。好在没有实现。没能在10岁时拥有致命的武器，超人的力量，是每个儿童能顺利长大成人的幸运。

《易经》的象数思维从外在形式上统摄万有，全息思维从内在结构上藕联宇宙。符号思维是这些思维规律的程式化，而这些都不是最主要的。《易经》最核心的思想认为中和是宇宙的本质规律。中和思维是中国文化的最根本的思维模式。"中"本来是代表中间状态的方位，"和"是代表一种平衡状态。在《易经》里中爻不偏，能统一卦之意。中爻与时相连，只有掌握中爻才能掌握时宜。正确把握事物的规律，阴阳双方力量达到均衡与互补，才会处于相对和谐的状态。

若事物发展到极点，必定走向反面。这一质变的过程必然伴随巨大的破坏、斗争和损失。而中和思想反映出对和平、鼎盛、稳定的向往与维护。中国文化在《易经》乾卦里呈现革故鼎新，而就整体又强调对中和状态的把握，正是为了最大限度地使宇宙趋于合理，减少负面效应，这是一种伟大的思想。

用这一宝贵的中国文化核心思想，指导我们的教育，会收到人们意想不到的效果。

中国的教育，在于中国文化，而非西方文化。中国的教育，一定要探索出适宜中国儿童生长的教育之路，而非从西方照抄、照搬什么理念、模式。

往来无穷谓之通

《易经》是智慧之学。"开物成务，冒天下之道，如斯而已也！"孔夫子说，《易经》的学问是开物，开发宇宙的万物——天文、地理、人事、看得见的光明面、看不见的阴暗面、看得见的世间事情，一切的一切，包罗万象。这就是"开物"。"成务"即成就人世间的一切事情。你要想成功地办理一切事情，非要真正通了《易经》不可，它是对物理世界根本的探讨和指导。"成务"就是把人生的根本法则找到，法则就是我们平时常说的"道"。"冒天下之道"，冒就是现在年轻人所说的"盖"，它把天下一切都统统地涵盖了，宇宙万物一切最高的道理，都在它的范围之内。

"往来无穷谓之通"是《易经》中的道理。天下没有不死的东西，死也是一种变化的现象。尽管死了但是人还在变化，人死了，肉会烂，骨头会慢慢变成灰尘、泥巴，泥巴又变成肥料，肥料变成植物，又活了起来。这一切都在变。在现实生活中，我们的一切每一秒钟都在变，我们的生命也是变出来的，是青菜、牛肉、鱼虾、五谷、辣椒、盐巴……变出来的，我们的生命随时在变——大便、小便、流汗、生病……这些都是变，我们又变成青菜，青菜又变成我们……天地万物随时随地都在变化中。"往来无穷谓之通"，一变就通，所以变就谓之通。学《易经》的人，首先要晓得"变"与"通"，不晓得变与通的人就不要学《易经》，因为他看世间一切都是呆板固定的。实际上，天地万物都在变化中，看得见的世间事物，我们就叫它"象"，有固定形体的物，我们叫它"东西""器具"，即所谓"见乃谓之象，形乃谓之器"。而能够懂得物理变化，把它制造成一个东西，供人们使用的，这个就叫法则，即所谓"制而用之谓之法"。

教育也是一样，让孩子们知道把没有的变成有，把无用之物变成有用之物，这就是眼光。所以说"见乃谓之象"。"利用出入，民咸用之谓之神。"自然界里的万事万物皆为有用之物，普通人眼中被丢弃的东西，乃至废物，自有其用处，就看你有没有这个智慧，知道不知道怎样利用，会不会利用。善于利用就是"神"。所以《易经》是智慧之学，看学习它的人怎样利用，并且懂得它的变就是"神"了。

教育事业

"事业"两个字最早出现在《易经》里。

《易经》里面，孔子解释过"事业"。什么叫事业？"举而措之天下之民，谓之事业。"举，是举动，行为，要做的事业，一个人一辈子做的事。"举之天下之民"，使老百姓、人民、社会得到利益，得到安宁，这个叫事业。

大禹治水，把中国的水利治好，有利于国家几千年。大禹做的是事业。尧舜禹三代为国家和民族作贡献，他们做的是事业。

企业的"企"字，上面是"人"字，下面是一个"止"字，是说一个人站在那里，踮起脚向远方望，远远地看，眼光放远，准备做一件事影响后代，影响未来，这叫企望，不是希望。企望，看得远，看得深，看得大。"企业"，即我们要做一番事业，有远大的目标，对国家社会有五十年、一百年以上的贡献，断定五十年、一百年后这个社会有发展。

教育事业，是民族的大业。做教育不能急功近利，要从民族的长远发展和伟大利益着想；做教育不能违背教育规律，要从遵循儿童生命的成长规律着手；做教育不能照搬西方的教育行为，要从我们民族的实际出发，走我们自己的教育之路。教育对于社会是移风易俗；教育对于每个人是脱俗。教育是推进人类进步，提高每个人素质的行为。

2.《中庸》的教育启示：中和位育

中和位育

潘光旦先生是费孝通的老师，他用一生研究，认识人的生理和心理基础，人的社会行为和规范以及人的处世法则和伦理道德，力图为人类寻求一条"中和位育，遂生乐业之道"。

"中和位育"，是儒家的核心教育观。"中和"是目的，不偏不倚，谐调适度；"位育"是手段，各守其分，适应处境。单就这四个字来说，自有很深的哲学内涵，远非一两句能说清，它是极严肃的儒家教育思想。

"中和位育"最先出自《中庸》，其开篇说："喜怒哀乐之未发，谓之中；发而皆中节，谓之和。中也者，天下之大本也；和也者，天下之大道也。致中和，天地位焉，万物育焉。"

教育应走向中和位育。教育不应极端，既不要完全走传统教育之老路，又不能全盘西化。教育的中和位育，应是今天教育人的追求。

信仰在中国就意味着教育、修养

近代兼通中西文化的大学者辜鸿铭认为，和西方不同，中国的学校从一开始就是教会，"信仰在中国就意味着教育、修养"。他说："中国学校的目的和目标，不是像今日现代欧洲和美国，教人谋生，而正如教会宗教的目的和目标，……事实上，是教导人们做个好人。""学校——中国的国家信仰里的教会，它确实能通过唤醒和点亮人的启示或者活的情感让人遵守道德行为的准则。"

由此而发展起来的教育主张，大都不出"为天地立心，为生民立命，为往事继绝学，为万世开太平"的人文襟抱。如诸葛亮的"鞠躬尽瘁，死而后已"，范仲淹的"先天下之忧而忧，后天下之乐而乐"，顾炎武的"天下兴亡，匹夫有责"，强调的都是人的社会责任感，是个体在社会上的担当精神，这是几千年中国历史发展进程中传承下来的最为宝贵的教育精神，也是中华文化绵延数千年来不绝如缕的精神内核。

唯天下至诚为能化——课堂教学无模式

《庄子·外篇·天道》中讲了这样一则故事：

一日齐桓公坐在厅堂读书。

轮扁这时正在院子里制作车轮，看到齐桓公读书的专注神态，他放下手中的锤子和凿子走到齐桓公面前说："对不起，请问您读的是什么书？"

齐桓公说："是圣人的经典之语啊。"

轮扁又问："那么，圣贤现在在何处？"

齐桓公说："圣人很久以前就死了。"

于是，轮扁说："这么说，您所读的只是古人的垃圾呀。"

齐桓公勃然大怒，斥责道："我正在读圣贤之书，区区一个木匠有什么资格乱发议论，何敢口出狂言？如果你能说出一个理由，那么还可以免去责罚，否则，你就要为刚才对圣人不敬的话，付出生命的代价。"

轮扁说："我只是就我制作车轮的手工经验而说的。如制作车轮时，用力过大，就会导致车轮接木间隙过大而松脱；若用力不够，则车轮的弯度不够而不能安装使用。只有力量用得恰到好处，才能做到配合精确。这种精微的手工技巧只能得之于手而应之于心，是无法通过言语传授的，是一种奇妙的技术。我无法把这一技术传授给我的儿子，我的儿子也无法学到。所以我已经七十岁了仍在自己动手制作车轮。古人肯定也没能把自己领悟到的精髓原封不动地传授给后人就死去了。如此说来，您所读的书难道不是古人留下的垃圾吗？"

齐桓公听了，默然。

轮扁说的是对事物精髓的领悟，而领悟的精髓又难以完全精确地表达出来或写下来，即感悟难传后人。

这里轮扁告诉我们一个道理：我们不仅要读书，读圣人之书，更重要的是要实践，要感悟，并把感悟到的精髓转化为实践智慧——化为无痕的教学艺术。

课堂教学也是如此。经常有年轻老师问我：一节课怎么设计？课怎么上？先讲什么，后讲什么？提问什么？留什么作业？……

《中庸》里说："其次致曲，曲能有诚。诚则形，形则著，著则明，明则动，动则变，变则化。唯天下至诚为能化。"这里表达的意思是，贤人致力于在一个方面将事做到真诚，做到真诚就会表现出来，表现出来就会逐渐显著，显著了就能光大，发扬光大就会感动他人，感动了就会转变，转变就会化育万物。只有天下最真诚的人能化育万物。

老师的教育行为，是化育万物，化育儿童。而只有最真诚才能化育万物，化育儿童。这里有老师对教育的爱，对教育的执著，对教育的真诚，对学科知识的娴熟。老师的这些行为感动学生，学生感动了才能转变。

现在的学校教学，诞生了太多的"三步教学法""五步教学法""七步教学法"，几乎每所学校都有教学法。一个固定的几步教学法模式，一定会束缚老师们；在一个固定的几步教学法模式下，怎么会有真正优秀的老师诞生呢？

我是化学老师，教了八年化学。记得那时学校推广"目标教学"

法，我上课就不喜欢先出示目标。课堂教学有时候要有悬念，在进展恰到好处时，才引出教学的核心内容。如此教学知识，学生会终身难忘。

一位初中物理老师周一上课讲"惯性定律"。老师慢悠悠地走在学生之间，边走边讲故事。他说："昨天我乘公交进市区，车上人很多，突然一个急刹车，我随车体和众人向前一拥，拥到了前面的一位美女身上。我赶紧道歉：'对不起，都怪惯性，挤到了你。'同学们，这是'惯性'，我们现在就共同学习'惯性'。"

我多次听这位物理老师讲课，他幽默风趣，甚至随心所欲。他将物理知识内化于心，视野开阔。受他的影响，许多学生喜欢学习物理。一位男生高考报考了名牌大学的物理系，后来成为了物理学家，研究原子能物理。

我上化学课，从来没有固定的教学法。

一是我向学生宣称化学不难，整天跟学生说化学非常好学，非常有趣味。我教化学，从来没有出现"差生"。

二是我的化学课，几乎都在化学实验室上，那才是化学世界。我注意营造学生学化学的环境、氛围感。

三是化学课上我很少讲，更少有大段地讲，而是让学生自己读书、学习。

四是我不留作业，让学生把化学书读透、读熟，不让学生漫无边际地做化学题。

唯天下至诚为能化——课堂教学无模式。教师至诚，是能化者。

3.《道德经》的教育启示：教育要像水 一样有柔德

我非常喜欢《道德经》《大学》《中庸》《庄子》《楚辞》等文章的简练、温柔和敦厚之美，我更喜欢里面有关教育的论述和教育哲理故事。

《道德经》里有许多对教育有启发的道理。

师法自然

《道德经》说："人法地，地法天，天法道，道法自然。"人取法地，地取法天，天取法道，而道纯任自然。"法"就是师法，就是某物向某物学习。人向地学习，地向天学习，天向道学习，道向自然学习。自然是老师的老师。"法"就是被法约束，是"臣服自然"，顺其自然，遵循一切自然规律。最后成"自然之王"，基础还是"师法自然"。

道法自然是找出使生命成为生命的伟大因素。道法自然，人不能因道成道，是因自然成道。人类只有遵循自然，才能做好自然的主人。

古希腊哲学家德谟克利特说："所有人都是自然的学生，智者更不例外。我们从蜘蛛身上学会了纺织，从燕子身上学会了建筑，从百灵鸟身上学会了唱歌。"

教育应做到师法自然，特别是在当下浮躁、功利的教育背景下，应回归本然。

日本人不允许对恶劣环境进行人为的、刻意的改变。日本人的中小学依然没有取暖设施。日本人认为，这种艰苦的环境可以磨练孩子们的意志。通过这种磨练，孩子们将来才能平和坦然地面对人生中的各种苦难，承受住各种压力。

我去过日本东北的青森省，那里冬季雪很大，天气很冷。日本的学校在冬季让学生穿很单薄的衣服在雪地里跑。这是让孩子们面对大自然，体会大自然，融入大自然，接受大自然。

要健康，三分饥和寒，我们的古人就这么说。现在的生活条件好了，人们的舒适度提高了，孩子们面对恶劣环境的适应能力变弱了。现在的孩子们普遍食太饱，穿太暖，导致儿童患许多病。

日本人师法自然的环境教育，值得我们借鉴和学习。

五色令人目盲

《道德经》说："五色令人目盲，五音令人耳聋，五味令人口爽，驰骋畋猎令人心发狂，难得之货令人行妨。是以圣人为腹不为目，故去彼取此。"

老子认为：看了缤纷的色彩就会让人两眼昏花目盲；歌乐欢动，喧哗不已，听久了就会使人耳聋失聪；山珍海味吃多了反而使人胃口病伤而厌恶饮食；驱马奔驰，围捕田猎，时间久了会让人心智狂乱而纵情放荡；贪求宝物而不知满足，时间久了就会使人行为乖戾而举动失常。

喜欢看太多五颜六色的东西，眼睛会应接不暇，即俗话说的"眼睛都不够使了"，会使眼睛疲劳，长期如此，视力渐渐会下降，严重的甚至丧失视力。

现代社会人们每天用好多时间看电脑、电视、手机等电子屏幕，各种颜色和内容五彩缤纷，令人眼花缭乱，加上电子屏幕高频闪烁的光，对眼睛的损伤是很明显的，以致眼睛干涩、眼眶疼痛、视力下降、精力衰退。如果不立即改变这种不良用眼习惯，及时保养，能不看的尽量不看，则眼睛的健康状况会越来越糟糕。

令人担忧的是，很多学校色彩泛滥，会使孩子们眼花缭乱，心烦气躁，甚至会损害儿童的视力。

五味令人口爽，这里讲一个咸淡的小故事。

有一天，著名教育家夏丏尊先生前来拜访弘一大师（李叔同）。吃饭时，只见他吃一道咸菜，夏先生不忍心地说："难道您不嫌咸菜太咸吗？"

弘一大师回答："咸有咸的味道。"

过了一会儿，弘一大师吃好后，手里端着一杯开水，夏先生又皱着眉头说："难道没有茶叶吗？怎么每天都喝这平淡的开水啊？"

弘一大师笑一笑说："开水虽淡，但淡也有淡的味道。"

夏丏尊因为和弘一大师是青年时代的好友，知道弘一大师在李叔同时代，有过歌舞繁华的日子，所以这么问。但是，弘一大师早就超越了咸淡的境界，这超越并不是没有味觉，而是真正能够品味咸菜的好滋味与开水的真清凉。

弘一大师的"咸有咸的味道，淡有淡的味道"，是一句多么令人回味无穷的禅理啊。

不知道从何时开始，老师们用扩音器讲课，满教室都是噪声。所以孩子们只会嚷嚷，不会心平气和地说话。心躁，气躁，语言躁，行为也躁。在中国古时没有此现象。

中国的水墨画和书法，用一种单纯的黑墨色为基础，来延绵它的主流视觉艺术，几千年来一以贯之地表达着自己的全部的美。

书法艺术游动不定的抽象黑线，是中国文化的高贵经纬。书法是一种活泼而深邃的艺术，它甚至影响了中华民族的思维方式，它是抽象化的思维，是一种飘逸的、不那么拘谨的、跃动的、有节奏的思维。

太极图，黑白色，曲线，美极了。

其实，苍天蕴育大自然只用黑白颜色。白天视为白色，晚上是黑色。花开鲜艳是短暂的。

在家里，孩子的房间不要太花哨，素朴些为好。幼儿园和小学的教室文化环境，不要太多的大红大绿，这样的环境，会使孩子们心烦气躁，对孩子们的生长不利。

教育要像水一样有柔德

"江海之所以能为百谷王者，以其善下之"。上善若水，水善利万物而不争。

老子的意思是，做人要像水那样。水善于帮助万物，而不与万物相争，它停留在众人所不喜欢的地方，所以接近于道。上善的人就要像水那样安于卑下，存心要像水那样深沉，交友要像水那样相亲，言语要像水那样真诚，为政要像水那样有条有理，办事要像水那样无所不能，行为要像水那样待机而动。

当你把水滴入热的油锅里，油发出很难听的声音表示抵触，表示不愿意接受；而你再把油滴入热水锅里时，水却默默地几乎无声，这是水的包容，水的美德。

世界上最柔的东西莫过于水，然而它却能穿透最为坚硬的东西，没什么能超过它，滴水穿石，这就是水的"柔德"所在。

水造福万物，滋养万物，却不与万物争高下，这是最为谦虚的美德。江海之所以能成为一切河流的归宿，是因为它善于处在下游的位置，所以成为百谷之王。

我的一位朋友事业做得很好，很善于包容，很善于助人为乐，包括对家里的妹妹们，对同事和朋友们。朋友爱引用此诗句："天空虽无翅膀的痕迹，但鸟儿已经飞过。"这就是柔德，让人感动的柔德，人类需要的柔德。

做教育要有柔德，要像水滋润万物那样对待所有的学生，要像水包容万物那样包容所有的学生。尊师重教，是千古凝练出来的金石之理。而我们的教育人，我们的教师要善待学生，包括那些"差生"们，包括"白领"的孩子们，也包括农民工的子女们，这是教师的柔德。

教育兴邦，已成为每一个民族通向未来的必由之路。我们的校长们要把学校办好，这是责任，职务之责任，时代之责任，民族之责任，兴邦之责任，这是校长们的柔德。学校要是社区文明的楷模，文明的辐射源泉，似春雨润物默默地辐射，这是学校的柔德。

伊丽莎白女王足足影响了英国半个世纪，她使英国强大起来。其重要原因之一是伊丽莎白接受了良好的教育。她的主要家庭教师是罗杰·阿谢姆，是位杰出的剑桥学者。那时，传统的教育方式是死记硬背加鞭笞。阿谢姆对学生十分和蔼、尊重和有耐心。其教学方法与传统方法迥然不同，伊丽莎白表现出色，尤其在学习语言方面更具天赋和才能。

一位优秀的老师成就了一位优秀的学生，学生成为了伟大的政治家。老师阿谢姆教育学生有秘密吗？没有。阿谢姆教育学生和蔼、尊重和有耐心，这是每一位老师应有的教育底色和行为，是对学生的宽容。宽容学生，学生的天赋才能转化成智慧，成才就是必然。

4.《论语》的教育启示

4.1 为社会确立一个世人所遵循的标准

1988 年，75 位诺贝尔奖获得者在巴黎发表了联合宣言，内容提到，21 世纪的人类要继续生存的话，就要回归到两千多年前，汲取孔老夫子的智慧。诸位朋友，诺贝尔奖获得者都是什么来历？都是每个行业的顶尖者，为什么他们异口同声都提到，未来的社会问题一定要通过孔子学说来解决？其实只要我们静下来，细细读《论语》，读懂孔子，读懂儒学，便能得到答案。

公府第、圣人家

乙未羊年春节，我一家人在青岛过年。大年初四我携家人从青岛出发到曲阜拜孔子。这是我第三次去拜孔子。

孔府，又称衍圣公府，有"天下第一家"之称，是我国仅次于明清皇帝宫室的最大府第。白墙灰瓦，古木参天，雅致庄重，整个府院弥漫着浓厚的文化气息。你再细看，整个府第雕梁画栋，飞檐彩绘，凉亭曲桥，是典型的贵族庄园。走入孔府有走入儒家文化的感觉，有走入大宅门人家的感觉，有走入教育圣地的感觉，有走入中国文化的感觉。

孔府大门上有"圣府"大匾，两边明柱上有一幅金字对联，上联是：与国咸休安富尊荣公府第，下联是：同天并老文章道德圣人家，是清代文人纪晓岚所书，"富"上面没有"丶"，寓意是富贵无顶，"章"字上面也无"丶"，这叫文章通天。对联字美文佳，概括出孔府千百年来不同凡响的"公府第""圣人家"的气势。

孔府的内宅门正中的门柱上，挂着木雕抱联：居家当思严内外别尊卑重勤俭择朋友有益于己；处世尤宜慎言语守礼法远小人亲君子无愧于心。

孔子的嫡孙们，恪守诗礼传家祖训，以"礼门义路家规矩"前行。

在孔府花园里，有一"五柏抱槐"奇景，一株千年柏树分为五枝，树干中间长出一棵槐树。一幅和美天然生长之景，苍天孕育在圣人之府，让我欣赏不已。向善之大宅第，文化之大观园，善哉，美哉。

为教育寻找天道

为教育寻找天道，为社会确立一个世人所遵循的标准，这是孔子倾其一生的追求。

孔子追求一种自律宽容的哲学，他创造了一套系统的思想，其非单纯地讲述安邦定国之道，而是涉及一个更为根本的问题：为社会确立一个世人遵循的标准，包括教育。

孔子当时熟知古代的文学和历史，同时掌握了音乐艺术，教育他的子弟去获得韵律感和协调感。

孔子认识到自己的使命不是要把他自己或是他的学生们塑造为社会所需要的人，而是要为社会确立一个世人遵循的标准，当然包括教育。

孔子说："善人治理国家一百年，也可以克服残杀，免去刑戮了。"孔子认为君子的内在应有一种博大精神。中国人的"仁"，是一种仁义精神境界，是大同世界思想，他强调"己所不欲，勿施于人"。

正是由于历史的思考，孔子才得以形成自己的观点，他的思想哲学，被推入到中国文化的核心。

在教育上，孔子为社会确立的世人遵循的标准是什么？

（1）大众教育。

孔子的"有教无类"，是大众教育。孔子当年办学招收学生，不论年龄、籍贯、阶级、人品等。如颜路与颜回是父子同入学，曾皙与曾参也是父子学生。又如子路、颜回、曾参等三十余人是鲁国人，樊迟、子禽等是齐国人；公孙龙、宓不齐是楚国人，公良儒等是陈国人，端木赐、高柴等是卫国人……当时各国分立，孔子却不分地域，对学生一视同仁。

孔子尤其反对贵贱之分。他的弟子中有贵族孟懿子，巨贾端木赐，也有贫民颜回、原宪，农民樊迟。富贵贫贱，孔子皆合一炉而教之。这在两千五百年前，是何等伟大的大众教育，是了不起的创举。

在秉性方面，曾皙狂、曾参鲁、高柴愚、颛孙师辟，孔子都是一视同仁地对待他们，教导他们。子路是卞之野人、公冶长曾坐过牢、颜涿聚是梁父之大盗。这些品类复杂的学生，经过孔子的教诲，都改变了气质，终成儒者。

什么是好学校？不选择学生，把每位学生都教育好。什么是优秀老师？不选择学生，都能教育好。什么是优秀校长？对学生一视同仁，不用奥数考试等选择学生，不用一大堆证书选择学生，把学生都能教育好。

校长们、老师们应该有孔子的胸怀，有孔子的大爱，有孔子的一视同仁，当然还要有孔子的学问，有孔子的执著，一生的执著。

（2）因材施教。

孟懿子问孝于孔子，孔子答复说，不可违逆。孟武伯问孝，孔子说：父母最担心的是子女有病，所以应该善体父母的心意，好好保养身体。子游问孝，孔子说：并非奉养就够了，如果不能尊敬父母，那跟饲养犬马有什么区别呢？子夏问孝，孔子的说法又不一样了。他说：最难的就是承顺父母的意思，要时时显露欢悦的颜色。若是仅仅在长辈有事的时候，晚辈代他们去做，或有酒食先让长辈吃，难道这就是孝顺了吗？

齐景公向孔子请教为政之道，孔子告诉他说，做国君的要尽到做国君的职责，做臣子的要尽到做臣子的职责，做父亲的要尽到父亲的职责，做儿子的要尽到做儿子的责任。子张问政，孔子说：在职时要不懈怠，推行政事要表里如一，以尽职守。季康子问政时，孔子又是另一种说法，他告诉季康子说：政字的要义，就是正道。你在上面坚守正道为民表率，谁还敢不依正道行事呢？……只要你肯为善，老百姓也就向善了。在位的行为德性好比是风，老百姓的德性好比是草，风吹在草上，草一定会随风扑倒的。

关于孝，对于不同的人，孔子有不同的答案；关于问政，对身份不同的人，当然答案有所不同。

这就是因材施教。教育不能"整齐之"，要因人、因事而有不同的方法。

（3）教学方法。

若引用教学方法方面的名句，首先应是孔子的"学而不厌，诲人不倦"。教师是学者，对所教专业知识熟得很，是学习的行家里手，对学习有自己的体会、感悟。教师的这种治学精神和态度会深深地影响学生，以此"学而不厌"，做到"诲人不倦"。这是其一。

其二，孔子《论语·述而》有"不愤不启，不悱不发"。

愤：心里想弄明白而还有不明白。

不愤不启，是说学生心里想弄明白而还没有弄明白时，不去启发他。

悱：想说又不知道怎么说。

不悱不发，是指不到学生不经思考并有所体会，想说却说不出来时，就不去开导他。

朱熹解释："愤者，心求通而未得之状也；悱者，口欲言而未能之貌也。启，谓开其意；发，谓达其辞。"

"不愤不启，不悱不发"是最好的教学方法。老师在非常了解学生的状况时，非常熟悉所教知识或学生所学知识时，创设良好的学习氛围，把学生带入了一个思考状，一个学习状，恰到好处地运用此方法。

现在产生了许多什么"三步教学法""五步教学法"等，没有一个能超越孔子"不愤不启，不悱不发"的。其要义就是，教师要了解学生，真的要了解。教师在上课时，知道学生在想什么，要说什么。

其三是"三人行，必有我师焉！择其善者而从之，其不善者而改之"。孔子主张，老师不一定在各个方面都强于学生，学生有许多值得我们学习的，包括学生提出的问题都是我们学习的好机会。孔子的这些论述，对我影响很大。我在做儿童教育研究时，观察儿童的行为，与儿童交流，让儿童提出问题。

儿童是问题大王，他们有"十万个为什么"。特别是在课堂教学时，老师要给学生讨论的时间，提出问题的机会。一位老师若善于收集学生提出的问题，尤其是不着边际的问题，异想天开的问题，奇思妙想的问题，再认真整理，那将是宝贵的教学资料，或学科研究资料。此乃老师把学生当作老师是也。

逝者如斯夫！不舍昼夜

我经常思考孔子的"子在川上曰：'逝者如斯夫！不舍昼夜。'"我们能想象到，孔子站在河边，看远去的滔滔大河，想人从哪里来，到哪里去，人就像流水一样，辨不清源头与去向。接下来孔子会想——人的时间。只有时间才能体现我们的存在感和生命感。孔子也许无数次地在河岸边思考人与宇宙的关系，人与自然的关系。孔子把自己融入了自然，融入了历史，也融入了未来。自然生长，乃吾教育。

孔子在为教育寻找天道，为社会确立一个世人所遵循的标准，这是他一生的追求。全世界的后人已经晓得这一珍贵的道理。

然而，孔子的学问整整安静五百年后，到汉代董仲舒弘扬孔学，才得以兴旺。

我们现在应认真学习、思考孔子的教育思想，并践行出真正适于中国当下社会的教育。

4.2　读书是乐事，而非苦事
——儒学中有悦，而无苦

孔子乐学

春秋时期，诸侯跋扈，人民困苦。孔子以天下为己任，他周游列国，希望实现自己的政治抱负，拯救苍生。他知道实现理想很难，却仍然奔走游说。孔子的人生观是积极而乐观的。"学而时习之"，是乐；"饭疏食，饮水，曲肱而枕之"，是乐；"发愤忘食……不知老之将至"，是乐。孔子无时无地不乐，这是他鲜明的人生观。

《论语》是儒学重要的经典著作。

《论语》第一篇《学而》开篇就有经典的三句话："学而时习之，不亦说乎？有朋自远方来，不亦乐乎？人不知而不愠，不亦君子乎？"

《论语》开篇便是"悦"——"学而时习之，不亦说乎？"继续读下去，全书没有一个"苦"字，而"乐"字很多。相对于"乐"的是"忧"，如"仁者不忧"。

孔子认为学习、读书是乐事，而非苦事。我欣赏圣人对读书、学习这一行为最本质的深刻揭示。人天生是爱学习的，学习是人的天赋。

我喜欢读书，自小就喜欢。我们包家是大宅门，是书香之家。我的童年有爷爷们的线装书，古书的墨香，文房四宝等。我的父辈有留洋的学者。爷爷们手拿线装书谈天说地，上下五千年，纵横九万里，父辈们说国外的科学，这些对我的童年有深刻的影响。

我对书的喜欢，也许是天生的，也许是受家族的影响。记得在小学五年级我开始读《林海雪原》，初中开始读《红楼梦》。奇怪的是，我读书没有苦过、累过，乐在其中。

学习也如是。我读中学时，酷爱数学，越是难的数学题越要挑战。我们几位男生经常打组合拳，联合解题，好像没有解不开的数学题。有时睡梦中我还在解数学题。那时甚至想过将来当数学家。学习数学，我没有累过，没有苦过。

学习是高兴的事，是孔子一生的结论。

现在的很多学生学习为什么不高兴，或为什么不爱学习？原因至少有三：一是家长过早地让孩子学习知识，5 岁就学数学，甚至 3 岁就开始学习；二是大人，或是妈妈，或是老师，在评价孩子或学生时，语言伤害了他们；三是学校大量的作业，频繁的考试。学生不爱学习，原因就是他们过早地被拉到学习的路上，美好的童年、天真活泼的童年被破坏了，学习于他们成了苦事，他们甚至一生都不想读书了。

不耻下问

孔子学问渊博，可是仍虚心向别人求教。有一次，他到太庙去祭祖。他一进太庙，就觉得新奇，向别人问这问那。有人笑道："孔子学问出众，为什么还要问？"孔子听了说："每事必问，有什么不好？"他的弟子问他："孔圉死后，为什么叫他孔文子？"孔子道："聪明好学，不耻下问，才配叫'文'。"弟子们想："老师常向别人求教，也并不以为耻辱呀！"

虚心好学，肯向一切人，包括比自己地位低的人学习，叫"不耻下问"。

"不耻下问"精神成就了伟大的圣人。

每位老师都应有不耻下问的精神。不耻下问，一是不断增加自己的学问；二是认真对待学问，对待科学知识。老师们把不耻下问的态

度传递给每个学生，我们整个民族才会建立起对待科学、对待一切学
问认真的心理结构和行为习惯。

闲来读书

我很推崇孔子的读书观："学而时习之，不亦说乎？"

我喜欢读书，从不倦怠。

碧海蓝天八大关茶楼读书。美丽的海滨城市青岛，素有"红瓦绿
树，碧海蓝天"的独有景观。康有为于1923年—1927年在青岛度
过了他的晚年。康先生对青岛可谓情有独钟，他对青岛有过著名的评
价："青山绿树、碧海蓝天、不寒不署、可舟可车、中国第一"。"红瓦
绿树，碧海蓝天"，青岛人自己总结了这八个字来概括青岛这座城市
的全貌，如今已成为青岛具有象征性的描述词汇。

青岛，一个青青的岛，青青翠翠，山清水秀，绿色环抱，雄奇秀
美，像一颗绿宝石镶嵌在黄海之滨。

青岛八大关海边三面皆能观海景的小茶楼，是我经常去读书的
地方。这天我又来一边品青岛的崂山茶，一边"闲来读书"——读
《论语》。

闲来读书的"闲"字，是门里有一"木"字，古时也有门里"月"
字的。门里一"月"字，是依门望月是闲人。门里有一"木"字，木
是闩。过去家里是两扇木门，关上门要插上门闩。这个"木"就是门
闩。插上门闩，防外面闲人来家里，闲人来家，容易出事。家里也不
能有闲人，都要出去上学或工作。

所以，闲来读书，是不要闲下来，要找时间读书，或让自己闲下
来读书，是读书时把门闩插上（避免打扰），专心读书。

当然，读书最好的去处是茶楼。手捧一杯清茶，静下心来阅读
古今。

诸葛亮好读书。诸葛亮在南阳躬耕陇亩，好为《梁父吟》，淡泊
明志，宁静致远，博览群书，熟读兵书，广交朋友，为后来的出山大

业作好了准备。有了十几年的隆中静读，诸葛亮才有后来的隆中对，才有后来的赤壁之战大捷，才有后来的辅助刘备三分天下有其一。

姜子牙好读书。姜子牙渭水之钓，是在读书思考，等待时机，这样他晚年才有了施展才华的机会。那是在殷商王朝走向衰亡的时期。殷纣王暴虐无道，荒淫无度，朝政腐败，社会黑暗，经济崩溃，民不聊生，怨声载道。而西部的周国由于西伯姬昌（后为周文王）倡行仁政，发展经济，实行勤俭立国和裕民政策，社会清明，人心安定，国势日强，天下民众倾心于周，四边诸侯望风依附。壮心不已的姜尚，获悉姬昌为了治国兴邦，正在广求天下贤能之士，便毅然离开商朝，来到渭水之滨的西周领地，栖身于磻溪，终日以垂钓为事，以静观世态的变化，待机出山。一天，姜尚在磻溪垂钓时，恰遇到此游猎的姬昌，二人不期而遇，谈得十分投机。姬昌见姜尚学识渊博，通晓历史和时势，便向他请教治国兴邦的良策，姜尚当即提出了"三常"之说："一曰君以举贤为常，二曰官以任贤为常，三曰士以敬贤为常。"意思是，要治国兴邦，必须以贤为本，重视发掘、使用人才。姬昌听后甚喜，说道："我先君太公预言：'当有圣人至周，周才得以兴盛。'您就是那位圣人吧？我太公望子（盼望先生）久矣！"于是，姬昌亲自把姜尚扶上车，一起回宫，拜为太师，称"太公望"。从此，英雄有了用武之地。

闲情逸致读书。我们做教育，抑或当校长，要有"采菊东篱下，悠然见南山"的闲情逸致，才能静心读书。

每次读书歇息时，我都会漫步于青岛八大关。八大关的特点，是把公园与庭院融合在一起，到处是郁郁葱葱的树木，四季盛开的鲜花，十条马路的行道树品种各异。如韶关路全植碧桃，春季开花，粉红如带；正阳关路遍种紫薇，夏天盛开；居庸关路是五角枫，秋季霜染枫红，平添美色；紫荆关路两侧是成排的雪松，四季常青；宁武关路则是海棠……从春初到秋末花开不断，被誉为"花街"。近年在八大关东北角又新植了一片桃林，成为春季人们踏青的又一好去处。

八大关的建筑造型独特，汇聚了俄、英、法、德、美、丹麦、希腊、西班牙、瑞士、日本等 20 多个国家的各式建筑风格，故有"万国建筑博览会"之称。西部是线条明快的美国式建筑"东海饭店"；靠近第二海水浴场，是新中国成立后新建的汇泉小礼堂，采用青岛特产的花岗岩建造，色彩雅致，造型庄重美观；再加上一幢幢别具匠心的小别墅，美不胜哉。

这就是我读书的地方，写书的地方，偶尔为校长们、老师们讲书的地方。每次讲书之前，我先带他们游海滨山水，让他们把心静下来，然后渐渐进入读书的佳境。

这是读书的环境。现在的校长们浮躁得很，还是静下心来读书吧。

圣人读书的启示

孔子："学而时习之，不亦说乎？"孔子是高兴读书，读书高兴。读书已成为孔子的习惯，一生的好习惯。孔子成为万世师表的圣人离不开读书。

杜甫："读书破万卷，下笔如有神。"杜甫被称为"诗圣"，其诗被称为"诗史"。他在 35 岁以前大量阅读并游历，韩愈这样评价他："李杜文章在，光焰万丈长。"

诸葛亮："非淡泊无以明志，非宁静无以致远。"诸葛亮在 27 岁前，都在淡泊宁静读书，为后来的成就大业进行积累。

莎士比亚："书籍是全世界的营养品。生活里没有书籍，就好像没有阳光；智慧里没有书籍，就好像鸟儿没有翅膀。"我非常欣赏莎翁的这句话，这也是我的读书座右铭，我常常向老师和学生推荐这句名言。

从盘古开天地、三皇五帝到如今，人类文明历经几千年，乃至上万年之久，而在这些文明的积累、发展和传递的过程中，只有书，才能让智慧不断地叠加，这种叠加的方式又不是简单的累积，而是让知识和实践统一。

圣人千年的智慧，我们可以通过读一本书来了解。如《易经》《道德经》《论语》《史记》等。我们的古人只用寥寥数语就能很明晰地呈现给我们一幅精美的画卷，如"横看成岭侧成峰，远近高低各不同""千山鸟飞绝，万径人踪灭""月出于东山之上，徘徊于斗牛之间""清晨入古寺，初日照高林"等等。读书，让我们跨越时空，让我们阅尽繁华起落，在不同的意境中穿越，把千年的智慧放进我们的文件夹里，慢慢享用，何乐而不为呢？

韩愈说"弟子不必不如师，师不必贤于弟子"。只有读书，才不会坐拥良田千顷，竟被一亩方塘击败。

读书会使人积气，积势，积厚重。读书是我们的力量所在。读书，真好，这是我内心深处的呼唤。

读书吧，老师们；读书吧，校长们。让书香飘满校园，让校园有书卷气。在校园里经常有师生读书报告会、读书沙龙，校园网上经常可见师生介绍新书，校园里师生见面互问"您在读什么书啊"，师生们的读书行为，影响到社区，影响到学生家长，这样，我们的学校真的就成为读书的地方了。

第二辑

邂逅文学经典

5.《诗经》的教育启示：诗化的教育

诗歌使人巧慧

我喜欢阅读《诗经》。《诗经》里的多数诗歌来源于生活，来自民间，语言纯洁朴素，形象生动，有极强的表现力。《诗经》中的许多诗歌是优美的篇章，其意境让人流连忘返，灵魂升华。如《关雎》一诗里的主人，追求窈窕淑女是那么多情、执著、魂牵梦绕、辗转反侧，我们读来是多么的鲜活。又如《蒹葭》里的"所谓伊人，在水一方"，那种"宛在水中央"的意境——美。对学生读者，是美的熏陶，美的感染。

诗化的教育

教育应有些诗情画意。教育改革，应从诗化开始。

教师会发现，那些诗词里的树木幽深处的花开花谢，奇山怪水处的似梦似幻，巫风浓郁处的神人对话，大江险峻处的生死抗衡等。这是何等的诗情画意，会引导学生情意大开，思绪奔放。

诗人是一种个体精神的审美自立，是一个生命整体充满诗性气质的人。诗人的思维、情感都是一团让人痴迷的天籁。

现在的学生在考试升学的高压下，缺少了甚至没有了半点诗情画意。所以，教育应从学诗开始。其实，我们中国人有这样的好习惯，儿童在刚刚咿呀学语时，妈妈、爸爸就教孩子"一去二三里，烟村四五家，亭台六七座，八九十枝花"，还有"白日依山尽，黄河入海流"等。

中国的农耕文明则决定了诗情的真切、简短、随性。

人类几个伟大文明的开端都有一个史诗阶段，都以诗的语言来为一个民族的基础语言奠基。遗憾的是，大家到后来就没有诗意了。

《诗经》，开启了中国诗歌，开启了中国文学。

《三国演义》中刘备三顾茅庐请诸葛孔明，以诗铺垫。如"凤翱翔于千仞兮，非梧不栖；士伏处于一方兮，非主不依。乐躬耕于陇亩兮，吾爱吾庐；聊寄傲于琴书兮，以待天时"。诗引出了智慧的化身——诸葛亮。之后诸葛孔明演义出了一幕幕智慧的、诗一般精美的场景。

儿童时期，特别是幼儿时期，儿童处于感性认识阶段，每个儿童都是一种笑声，一种浪漫，一种奇迹，一种诗画。

儿童时期是天真未凿的时期，草莽混沌的时期。这时，儿童恰恰适宜学些诗词。学些《诗经》里的诗，唐诗里的诗，包括一些好的现代诗。

以诗词开启我们的教育，那将是一幅美好的画卷；以诗词开启儿童的人生，那将是真正的诗情画意的人生。

教育要有诗意

做教育，解读教育，我一路以诗为伴，学诗，读诗，写诗。

教育，应把诗意还给孩子们。

在做教育的过程中，我自己也经常写诗，写了几百首诗。我的诗都是写教育的，抒发我对教育的爱，表达我的教育困惑，祈盼我的教育愿景等。

《崭新校园》写于20世纪初，为一所新建学校而作，当时我任这所学校的校长。学校面向大海，我的教育理想全写在诗里。

崭新校园

晨练在朦胧中

青春的活力飞奔

散发着顽强的毅力

透过朝霞铺满蔚蓝的天空

小草托着书的芳香

紫微伴我持久的绽放

亭台水榭在交相辉映

生命的每一天都从这里启程

微风徐徐递来

枝头上清脆的鸟鸣

林荫路琅琅的读书声

是青春的心智在这里传送

文学社团的书卷

凝聚着躁动的学子们

墨味飘香的书院沉静了

使笔端流淌着的浮躁渐渐变宁静

艺体中心激发着

异想天开的艺术灵感

腾空飞跃鸟瞰天下

健美舞动着时代的风

精彩纷呈的航模

那是手脑合作的结晶

带着梦想踏向希望
在波涛汹涌的大海勇敢地远征

绿色的希翼
不仅仅在生态室里
栩栩如生的标本已复活
还有那植被护送三江的奔腾

小小气象站
预报四海风雷和浩瀚宇宙
每天记录着人与自然的和谐
热爱生命的价值在观察中成行

外语天地萌动着
莘莘学子
飞向五大洲
探索世界的能动与异同

小木屋天公赋予
大自然孕育人类的伟大之爱
孕育青春年华身心之恋
炼就还于大自然朗朗的清

手中鼠标点击着
无论是乡村还是城里的
五色人生与七彩梦幻
求索现代社会民主与公平

无数次演算

多少回实验

那是练就稳定的毅力品质

执著登攀一座座科学的山峰

冰雪下的幼苗长成

参天大树必然傲视苍穹

雏凤飞出摇篮迎着风雨

在无垠的蓝天翱翔一个新的里程

那时我在高中学校做校长。教师节时学生为老师们表演节目，以示庆祝。期间学生主持点我出节目，我朗诵诗歌《老师的演讲》，当然是我的原创。后来这首诗发表在《现代教育报》上。以此诗，我在解读教师，解读教师的行为。

老师的演讲

老师的演讲

似清丽的小溪

涓涓流淌

似飞流直下三千尺

怒吼飞浪

似牧童摇笛

碧波荡漾

似琴师奏鸣交响曲

声心合唱

似春雨润物

细腻无殇

似暴风骤雨洗尘埃

乾坤朗朗

老师的演讲

播下爱的火种

吟唱真理的篇章

　　一次给家长们讲"家教八部曲"，讲学结束后一位妈妈不走，向我倾诉自己在读二年级的女儿的学习苦衷。妈妈说，孩子就读于一所知名小学，每天晚上写作业要到深夜 11 点钟左右。孩子稍稍有些错误，老师便在家长微信群里点名批评，还要附带上家长的名字。那位妈妈说，她要崩溃了。

　　夜，我难以入眠。我们的教育为何是这样？随后，我提笔写下《儿童真言》，以儿童语写儿童的心声和呼唤。

儿童真言

朦朦胧胧我走来

学语学步

少有优哉

蹦跳高兴入书斋

桌严要求

书已期待

学业多多都是债

累死我也

何以成才

身心健康有人爱

多些欢乐

少许悲哀

教育要有豪气

台湾诗人余光中在《寻李白》中吟道：酒入豪肠，七分酿成了月光，余下的三分啸成剑气，绣口一吐，就是半个盛唐。我非常欣赏，经常吟诵。讲学时，几乎每场都讲给老师们听。

李白"黄河落天走东海，万里写入胸怀间"，区区十四个字，就将万里黄河抱在胸中。李白是何等的豪气，何等的胸怀。教育人应有如此好奇，如此胸怀。

新的一轮课改开始时，我带几位骨干教师去广州参观、学习、研讨教育。广州有个兰圃公园，是苏州园林风格，园里有几十种名贵的兰花。兰圃集清灵、秀雅、宁静和精巧于一身。兰圃是闹中取静的好境地。我带老师们到兰圃公园里的茶室品茶，外面是南国常有的细雨。我在手机上写下《南国听雨》。

南国听雨

正是课改大事时

又去南国赏芳枝

愉悦共振弃旧意

主动探究举新旗

吾是青松向天起

谁为败叶落水池

凭栏静听潇潇雨

兰圃饮茶有所思

我任高中校长时，正值学校 70 周年校庆，校庆办邀我为校庆文集作序，我写了诗——《母校情思》，算作序了。

母校情思

校园依然

学楼仍立

风里、雨里

如烟、如絮

多少年翩翩去

育下几代桃和李

著下几部歌与诗

母校一部青史

勾起几多情思

留下几多回忆

母校情深深几许

恰似江河流千里

未来谁设计

人才何处觅

母校揽怀里

放飞鹰，志千里

三百六十行

行行有同窗

同窗情更契

惜日小淘气

一朝铸成大器

铸大器，恩师忆

音容笑貌犹历历

惜日黑发变银丝

功绩入青史

小学生诗作

2015 年寒假，我约艾瑞德国际学校五年级（1）班学生背诵诗词，每天一首，然后提倡他们写诗。这首《春天》是巴特同学写的。

春 天

小草钻出土壤，

山坡披上绿的衣裳，

微风递来春草的清香。

小鸟在枝头欢唱，

希望的花儿含苞待放，

蜜蜂寻觅着花儿的芳香。

小溪波纹荡漾，

岸边的垂柳伴着白杨，

鱼儿逗弄着柳枝嬉戏欢畅。

小雨伴着阳光，

把弧形彩虹挂在东方，

好像嫦娥奔月时走过的桥梁。

白云牵着太阳，

编织出了美丽的天堂，

是谁在问，夸父追日去向了何方？

蝴蝶　蜜蜂　悠扬，

营造出了生活的篇章，

让我感受到了大自然细腻无殇。

藤椅　老人　不慌，

清茶舞动象棋的收放，

一个下午只是偶尔几声棋子的碰撞。

儿童　风筝　飘扬，

运动场上身影在奔放，

拥抱着春天，拥抱着我未来的科学梦想。

深圳龙岗外国语学校，我经常去讲学。语文梁梅老师带领二年级
学生学写诗。这是她的学生宇之卉写的小诗，稚嫩、真切。

那一天

那一天，初雪飘落，

您把我带到美丽的世界。

小心抱着我，吻着我。

您的爱是温暖的怀抱。

那一天，车来车往，

您带我过街道，

您紧紧抓住我的手，

在无私的保护我。

我的朋友谭悦，其女儿闻咏恬在郑州小学读四年级。女儿阳光开
朗，爱读书，爱写诗，是小才女。她几乎每天都写诗，写了许多诗。
《画中桥》是其中的一首。

画中桥

流水无声静静滑，

桥头边上有人家。

树上红梅六七簇，

石板小桥为谁搭？

北京芳草地小学，我给该校的家长讲过"家教八部曲"。一年级

学生丁俊钦小朋友爱读诗，爱写诗。

小 雨

小雨淅沥沥的下

树叶莎啦啦的响

我吃西瓜咔嚓咔嚓

吃完看书《猫和老鼠》

乐的笑哈哈

　　我真的发现，我们中国的小朋友们，无论是小学生，还是中学生都喜欢诗词。无论是《诗经》里的诗，还是唐诗，都朗朗上口，抑扬顿挫，镶嵌于中国人的血脉之中，奔流在中国人的思绪里，呐喊着中国人的激情，悲壮出中国人的豪迈。

　　认知感性的儿童，正值读诗的好时光。读诗吧，孩子们，读诗吧，老师们，我们的学校会更美好的。

6.《三国演义》的教育启示

6.1　教育，应信仰人类的发展规律
——《三国演义》中诸葛亮的启示

顺天者逸，逆天者劳

一个问题缠绕我多年。我苦思冥想，查阅大量资料几十年，欲解开这个谜。诸葛亮，是中华民族智慧的化身，忠贞的代表，他知天文、晓地理，通易经，熟读兵书，淡定致远。为什么诸葛孔明辅佐刘备，只走到三分天下有其一这一步，而没能统一天下恢复汉室？这是为什么？

公元760年，杜甫在成都草堂写诗《蜀相》：

> 丞相祠堂何处寻，锦官城外柏森森。
> 映阶碧草自春色，隔叶黄鹂空好音。
> 三顾频烦天下计，两朝开济老臣心。
> 出师未捷身先死，长使英雄泪满襟。

诗写得悲凉慷慨，吊古深情，淋漓尽致于笔墨之间。杜甫对诸葛亮赞美之极。

沿着我的思路，我们继续分析如下：

《三国演义》是中国四大名著之一，是大家非常喜欢的名著，其

中"三顾茅庐"的故事，几乎是家喻户晓，许多人耳熟能详，以刘备重视人才为千古佳话。

《三国演义》第三十七回："司马徽再荐名士，刘玄德三顾草庐"。一天刘玄德带着关公、张飞，三人来到隆中，第一次请诸葛孔明未得见，回去的路上遇见孔明的朋友博陵崔州平。刘玄德表达来意，请孔明出山辅佐自己恢复汉室江山。崔州平说："自古以来，治乱无常"，"将军欲使孔明斡旋天地，补缀乾坤，恐不易为，徒费心力耳。岂不闻'顺天者逸，逆天者劳'、'数之所在，理不得而夺之；命之所定，人不得而强之'乎？"

刘备与司马徽在同一章之前的对话结束后，司马徽出门仰天大笑曰："卧龙虽得其主，不得其时，惜哉。"有歌曰："荣者自安安，辱者定碌碌。"安者荣，碌者辱。

在《三国演义》的第一百十五回，诸葛亮的接班人姜维兴兵誓欲恢复中原，征求廖化意见。廖化曰："将军强欲行难为之事，此化所以未敢专也。"在蜀不是很出名的廖化将军，都看出姜维继诸葛亮的事业，是"逆天者劳"，是"难为之事"。

《三国演义》里的诸葛亮是天才军事家，他"观其大略，务于精纯"，作者有意把中华民族几乎全部的智慧浓缩于他一人身上，把他塑造成智慧的化身，忠诚的化身。司马徽评价诸葛亮："可比兴周八百年之姜子牙，旺汉四百年之张子房也。"他"淡泊明志，宁静致远"，"凤翱翔于千仞兮，非梧不栖；士伏处于一方兮，非主不依"。

如此具有经天纬地之才的诸葛亮辅佐刘备，有"隆中对""舌战群儒""草船借箭""借东风"等巧夺天意的大智慧，打赢无数场大小战役，征战二十七年，累死在五丈原，也没能恢复汉室江山。只因他忽视了一个无论是识人才的伯乐司马徽，还是他的鸿儒密友崔州平，甚至末将廖化都晓得的道理——"不得其时"，"逆天而劳"。诸葛孔明做了"逆天而劳"的大事，注定苍天不能给他成功的机会。

把《三国演义》里诸葛亮的故事，与我们今天的教育链接，可以给我们的教育以下启示：教育，应信仰人类的发展规律；教育，特别要信仰儿童生命的成长规律。

我们现在几乎是以全民族的力量和智慧在做教育，教育为什么难以培养出人才？教育是在做着违背儿童认知规律和生长规律的事吗？

我经常到幼儿园给家长们讲我创立的家教课程，我发现有许多幼儿园大班和学前班的儿童在学习小学知识，孩子们学得好苦！

2012年夏，我在郑州讲学，开始前一位美女妈妈同我说："女儿六岁半了，该上学了，我为她找了四所学校，孩子就是不愿意上学。"接下来她说："我先后带孩子上过17个特长班。"这就是孩子不愿意上学的原因了。

一位就读于某城市重点初中的学生的妈妈找我，孩子以高分考入该学校，到二年级时成绩急速下滑。我约孩子和他妈妈到咖啡厅聊，孩子说："学校不让用电脑，不能用手机，更没有看电影的机会，每月只休息一天。每天大量的作业像山一样压得我喘不过气来。我都要憋死了，实在不愿意上学了。"

一位一年级男孩儿的妈妈找我，寻求解决家教问题的办法。我约她到一家咖啡厅，刚刚坐下来她就滔滔不绝地说，一直说，从上午10点说到下午3点。她参加了N个社会学习班，人都有些神经了。

教育如此"超前"，如此"不能输在起跑线上"，如此"跨越式发展"，如此浮躁，如此违背儿童的生长规律，何以出人才？

教育，应信仰人类的发展规律

读者朋友都知道著名的"钱学森之问"。我们的学校培养不出杰出人才，问题在哪里？问题在于我们现在的教育发展存在逆势。逆势主要是违背儿童生命的成长规律。逆势是教育人没有真正读懂和了解儿童的认知规律及生长规律，而在教育行为上出现错误。

我们的教育投资已经相当可观，每个城市都有许多校舍漂亮和设施一流的学校；也有一批想做教育的校长，想把教育做好的优秀校长；还有一大批想做好教育的好教师，想做优秀教师的好教师；更有千千万万的家长朋友们，望子成龙，盼女成凤。遗憾的是，家长每天牵着孩子奔波于各种各样、名目繁多的学习班、培训班，那里有老师教奥数等摧残儿童、一生都不用的知识。

老师们为什么教奥数？因为家长认为孩子们要学。家长为什么带孩子学习奥数？因为上一级学校（初中）招生要考奥数。若校长们，特别是那些标榜是好学校的所谓"优秀校长"们，招生不考奥数，孩子们就不会为学习奥数所累了。妈妈们也不用奔波于到补习班、学习班的路上了。

"优秀校长"们招生考奥数，看各类证书，把好端端的教育，引向了邪路！

万物有理，四时有序。

《中庸》开篇就说："天命之谓性，率性之谓道，修道之谓教。"

人的自然禀赋叫作"性"，顺着本性行事叫作"道"，按照"道"的原则修养叫作"教"。

《易经》蒙卦里有：匪我求童蒙，童蒙求我。儿童天生不是一张白纸，他们天生就爱学习，充满好奇心和探索欲。

"蒙以养正，圣功也。"《易经》蒙卦是说教育的。蒙卦的上面是隆起的大山，下面是清澈的泉水。山若是家，泉则是孩子；泉若是家，从泉里流淌出来的小溪就是孩子。山高厚重，泉水则发达；泉水丰盈，小溪流淌久远。一个家风正的家庭，走不出坏孩子。

中国古代教育，以人格教育为主，是"养正"。而现在的教育重视技术教育，而忽视了人格教育。

对人类的整个发展规律和历程，我在努力去读懂，我信仰的是人类的发展规律，人类必然就得这么发展，你要是走错了路，非得走回来不可。

我们对这个世界上下五千年和纵横千万里的认识，应该说是很尖锐、很勇敢的。我在为中国教育寻找一条正确的天道。

"有天地，然后万物生焉。盈天地之间者，唯万物"。

世界上最神秘的学问，都是小孩子玩儿的。任何人的一生，离不开他童年幻想的范围。如周岁的小孩儿，在一堆玩具里，喜欢取刀，长大则为武人。这不是迷信，其中有高深的学理，孩子是下意识地表现了他的内在秩序（或叫秉性）。最高深的学理，都是小儿玩儿的，故世界上的学问，可以说是"儿论"。这段话是南怀瑾先生的论述，我很欣赏。

动物都有天生的本能，饿了就吃，吃饱了就不吃了。

女同胞喜欢的珍珠是怎么来的？蚌在张开蚌壳时，有沙粒跑了进去，它没有手，不能把沙粒拿掉，又感觉到剧痛，于是它就本能地从自己身上分泌出一种汁液来包围沙粒，久而久之沙粒就成了珍珠。这是蚌对环境本能的应付。它没有知识，没有思想，很老实地不断地在应付环境，珍珠就这样诞生了。

这就是自然。教育应遵循自然之理。天地无人推而自行，日月无人燃而自明，星辰无人列而自序。教育应是自然生长，儿童应是自然生长。

大梦谁先觉

诸葛亮何以有大智慧？是因为读书。

在诸葛亮时代没有像现在这样的正规学校，他主要是自学。

我曾经去过南阳卧龙岗，那里是读书的好环境。诸葛孔明一边种地，一边读书；一边读圣贤书，游历山川大河，拜访名人学士。他春天种下种子，夏天观看农作物的生长，秋天收获。在此过程中观天象，察地理，再读圣人书，会身心一体，声心合唱，会更深刻地理解圣人之言。诸葛亮把天象、地理和四季放在一起读，把书放在四野之中读，那是何等开阔，何等舒广，何等深邃。

我们不难想象，站在南阳卧龙岗，一眼望去，麦浪随风荡漾，衔着远山，伸向天际。诸葛孔明漫步其中，时而读经，时而望景，漫卷诗书，天文地理，惊涛拍岸，金戈铁马……

诸葛亮后来的"舌战群儒""草船借箭""借东风""八阵图"等都是他在卧龙原野读书的知识积累，智慧升华，愿景向往。诸葛亮的智慧来源于他的万卷圣书，来源于广阔视野，来源于鸿儒交往，来源于他的鞠躬尽瘁。

当刘备第三次请诸葛亮时，诸葛亮正在睡午觉。他睡足了醒来口念："大梦谁先觉？平生我自知。草堂春睡足，窗外日迟迟。"这首诗含义深刻，很有情趣，细细品来，回味无穷。诸葛亮诵完了诗，问的第一句话是："有俗客来否？"

诸葛亮读书，是在与圣人交流，与天地交流，在四季感悟，与高朋研讨。

诸葛亮的读书方式，值得我们现代教育人思考。

记得北京有一位英语老师，在一个大型教育集团里讲英语，讲得特棒，很受学生欢迎，年薪百万。据说，这位英语老师读初中时，不爱学英语，因为他不喜欢英语老师。他后来被学校除名了，开始自己读书，读自己喜欢的书，每天手不离书，读了许多书。他的理解能力和表达能力都非常好。他自己创业办培训班，很快小有规模。后来他来到北京，找到这家大型教育集团，寻求合作。集团老板通过交流，发现他有非常好的理解能力和表达能力，提出请他来集团讲英语，年薪百万。他说给他一年时间，一年后他来上班。他苦读了一年英语，每天上班时间在家读英语书，下班时间到老外多的咖啡厅、酒吧等地与老外交流。他阅读了大量的英文原版书籍，在灯光下读，月光下读，没有人处读，熙熙攘攘的人群里读。他找美国来的老外，英国来的老外，加拿大来的老外等交流，练习说英语。春夏秋冬，风雨无阻。

一年后，他来教育集团上班了，开始登台讲英语，并很快成为这个教育集团中最受欢迎的英语讲师。

若给诸葛亮选择现在的学校，他能成为智慧的化身吗？能成就三分天下吗？

还有那位英语培训师只读一年英语，就成为优秀讲师。这给我们当下的教育以何启发？

大自然是最好的老师

教育要留住孩子们的童贞，留住孩子们的童年价值。童年是属于大自然的，让孩子回归大自然吧！世界上再没有比大自然更好的老师了，它能给孩子们无穷的力量，给孩子们无穷无尽的知识和智慧。我在《童年是属于大自然的》一书里用30篇日记，对此作过详尽的讲述。

牛顿从坠地苹果想到了万有引力，爱迪生学母鸡妈妈孵蛋，道尔顿发现了色盲现象，高斯解数学题无意中发现了"高斯定理"。善于观察的人会有对事物本质的发现。只要善于观察一些奇怪的事物，就会发现平常发现不了的神奇。科学家们都有敏锐的观察力和探索求知的精神。教育也需要观察，只有善于观察儿童的生长过程才能真正懂得儿童，懂得教育。

我经常带孩子们走入大自然中，看日出日落，看河水流动，看鸟儿飞翔，看花开花谢。静静的夜里，我陪伴孩子们一起听此起彼伏的蝉鸣蛙叫，这是来自天籁的声音。仰望天空，树梢上挂着一轮明月，孩子们会进入无限的遐想中："嫦娥奔月是真的吗？""我也想当宇航员遨游太空。"

学校教育的核心应是遵循生命的"自然律"，儿童生长的"自然律"。"自然律"是宇宙的大律，是宇宙的唯一大道理。宇宙乃至万物皆为自然力所驱使，这是"自然律"。生命的"自然律"，是生命进行的规律，人的生长规律。

人的存在是秩序的存在。人在自然秩序中，也只是一种生物，有待从阳光中取得营养和教育。儿童生长需要阳光。

教育遵循儿童的自然生长规律而为之，而非按照大人的主观愿望左右孩子们，而非超前教育，跨越式教育。教育不应被动地存在于大量的作业之中，考试之中。教育不应是"模式"泛滥，"理念"如山，口号响天。

教育，应是自然生长；童年，是属于大自然的。大自然是最好的老师。

18岁的选择和后来的发展，在于童年的自然生长

18岁最重要的概念是"人"，是成人了。走过童年，走向成人后他们要学会选择，人生就是选择。"人"字，从上向下，遇到了交叉路口，走哪一条路，就在于自己的选择。"人"字，一撇一捺，撇象征精神，捺象征物质。人对精神的需求，远远大于对物质的需求，随着逐渐成熟，尤其如此。

古人云："才者，德之资也；德者，才之帅也。"

18岁，是由儿童走向成人最重要的驿站。在《自然生长教育——包祥讲家教八部曲》一书的第八部，我说："走向成人，学会选择和放下。"

诸葛亮没有像孔夫子一样到处奔波，急于把自己推销出去，而是在南阳草庐中，选择等待，静观天下。当刘备三顾茅庐时，诸葛亮在草庐中，高声朗诵着"大梦谁先觉？平生我自知。草堂春睡足，窗外日迟迟"。这是何等的自信、悠然。终于等来了生命中的贵人刘备。

亚历山大东征时，把财产都送给了其他人。朋友问他："你没有钱财怎么办？"亚历山大说："我留下了希望。"东征就是希望，亚历山大东征取得了成功。这是亚历山大的选择，是他正确的选择。

每个人一生有许多次选择：入幼儿园的选择，入小学的选择，入初中、高中的选择，读大学选择哪个城市的大学，大学选择什么专业，大学毕业后选择什么工作，等等。

学会选择和放下。选择哪些，放下哪些，是一个人成熟度的标志。

看过电视剧《双城生活》的朋友都有印象，老郝家都把徐嘉惠的妈妈杨曼莉叫"清咖"。缘起于杨曼莉到北京找她儿子，郝家老两口

请其吃饭，杨点了一杯清咖，呵呵，他们都愣了，不知道什么叫作清咖。"清咖，原意是指黑咖啡，不加奶和糖。'清咖婆婆'可理解为虽为长者身份，历经沧桑，但内心仍保持着原味、本色和单纯的女人。"这是王丽萍对"清咖婆婆"的定义。在扮演者张小磊看来，它还有另外一层含义："'清咖'，不是人人都能接受的，它代表着与众不同，代表着品质、档次和讲究。"儿童成人后，能否持久保持人的"清咖"状态，是我们教育者应该思考的

教育，需要"清咖"；做人需要"清咖"。

人，在进化中发展出了语言、文化、艺术和自己的社会结构。人智慧的出现是奇迹中的奇迹，是上苍的恩赐。人类借助科学与技术又去探索地球内外的未知世界。

成人是什么概念。百度百科对成人的描述是这样的：成人是指成年的人，即已经完全发育成熟的人，与儿童相对，在大部分国家，成人的定义是年满18岁或以上的人，因此，一旦当地居民达至18岁，就可以享有各种相应的权利。

《论语·宪问》："子路问成人。子曰：'若臧武仲之知，公绰之不欲，卞庄子之勇，冉求之艺，文之以礼乐，亦可以为成人矣。'"按照孔圣人论述的成人标准，儿童达到成人要有知，有勇，有艺，有礼，有不欲，再加上会选择和放下。

人，应信仰人类的发展规律；教育，应信仰人类的发展规律。只有如此，我们才能放心地把已经成长到18岁的每一位青少年，送向社会；也只有如此，已经18岁的青年朋友们，才会信仰人类的发展规律。

6.2 优秀学校，须三顾茅庐请人才
——刘备请诸葛亮的启示

《三国演义》第三十七回写"刘玄德三顾草庐"请诸葛亮出山辅

佐自己恢复兴旺汉室。有了诸葛亮这样经天纬地的人才，一个跑了半生仍无落脚之地的刘备，最终三分天下有其一。

春秋时期，齐景公问孔子："秦国地方小而偏僻，秦穆公为什么能称霸呢？"孔子说："秦国虽然地处边缘，但秦穆公行为中正。国家很小，但秦穆公志向很大。他能用五张黑羊皮把贤人百里奚从牢里赎出来，与他交谈三天，就把政务交给他。秦穆公就是凭着这样的仁义，成就了王业。一个君主如果想依靠武力称霸诸侯，那是生硬的，无法把自己的潜力发挥出来。"齐景公听了，很是钦佩。

"萧何月下追韩信"的故事，出自《史记·淮阴侯列传》。韩信虽然当时是小辈，萧何追回他之后，说服刘邦封他为大将。有人感叹，萧何这一追，追回了汉朝四百年江山。这就是善用人才的作用。

人才成就江山社稷，成就王道；江山社稷、王道需要人才。

人才，成就学校，成就一流好学校，北京大学是也。

曾任北京大学校长的蔡元培先生就有三请人才的经历。1917年1月4日，从法国被请回国出任北京大学校长的蔡元培先生，这一天到北京大学就职视事。为了振兴北京大学，彻底改变北京大学，蔡元培校长从海内外广泛聘请大师级人才。新文化运动的风云人物陈独秀当时正在办《新青年》，他的中国文化功底深厚，在文字学方面颇有造诣。蔡元培看中了陈独秀，便想请他来北大任教。当时陈独秀在上海，一次他来北京时，蔡元培连续几天到他的住处拜访。有时去早了，陈独秀还没有起床，蔡元培嘱咐茶房不要将他叫醒，自己拿个凳子坐在房门口等候。陈独秀原本看不上当时名声糟糕的北大，不愿意接受这个邀请，但架不住蔡元培三番五次登门的诚意，终于被打动。陈独秀不仅自己到北大任教，又推荐胡适等人来北大，北大文科的局面马上焕然一新。

蔡元培请陈独秀的故事，后来被北大人说很像"三顾茅庐"。

梁漱溟也被蔡元培聘为哲学系教授，讲印度哲学。起因是蔡元培在《东方杂志》上读到过他的一篇论文：《究元决疑论》。蔡元培看到后很感兴趣，觉得写得很好，当即决定聘请他。而实际上梁漱溟仅仅是中学毕业，据说考北大没有考上，是落榜生。因此梁漱溟死活都想不到有一天会到北大任教，刚接到邀请时还左推右推不敢去。梁漱溟在《忆往谈旧录》中回忆："记得有一天，蔡先生约我与陈仲甫先生（独秀）相会于校长室，提出请我担任印度哲学一门课程（陈先生新聘为文科学长，相当于今天的文学院院长）。我说：'我何曾懂得什么印度哲学呢？印度宗派那么多，我只领会一点佛家思想而已。要我教，我是没得教的呀！'蔡先生回答说：'你说你不懂印度哲学，但又有哪一个人真懂得呢？谁亦不过知道一星半点，横竖都差不多。我们寻不到人，就是你来吧！'我总不敢冒昧承当。先生又申说：'你不是喜好哲学吗？我自己喜好哲学，我们还有一些喜好哲学的朋友，我此番到北大，就想把这些朋友，乃至求知中的朋友，都引来一起共同研究，彼此磋商。你怎可不来呢？你不要是当老师来教人，你当是来共同学习好了。'他这几句话打动了我，我只有应承下来。"

青年梁漱溟由此踏上北大的讲台。

蔡元培初任北京大学校长，第一件事是聘请积学厚重的教授，很快他周围有了陈独秀、胡适、李大钊、钱玄同、梁漱溟、刘半农、辜鸿铭、马寅初等群星璀璨的教授团，他们唤醒了大学精神的精髓，从而将民主和科学精神注入北大。

我们现在如何才能办好一所学校，一所优秀的学校，仍然取决于人才，取决于优秀老师。只有拥有一大批优秀老师，才能创办优秀学校。

英国著名的剑桥大学就有"大师比大楼重要"的故事。

13 世纪，一批学者逃离牛津定居在剑桥，他们没有财富，最珍贵的东西就是几个木箱里满满的书籍和手稿。

"在中世纪，剑桥大学是欧洲宗教神学和政治精英们的精神堡垒。当意大利文艺复兴运动席卷英伦的时候，剑桥则成为英国文艺和科学复兴的重要阵地。16 世纪的工业革命和 18 世纪的自然科学风暴又激发了她生命中最大的能量，孕育了英国乃至人类社会前进的动力。但是，在这些辉煌的背后，剑桥却缠绵着更多不为人知的人文历史——它神秘，乖张，可歌可泣和引人入胜。我们很难从大英辞典的浩瀚词汇中找到一个确切的词句来形容剑桥大学的传奇历程。当牛津的逃亡者们栖身剑桥镇的时候，剑桥大学注定要提前承载一段不同寻常的磨难，以至浸渗了皇室心血和折映出英国政治光谱的剑桥记忆，在几个世纪内几乎都散发出一种古典的忧郁气质。这分明是剑桥大学一个趋向性的标识。而正是这种温敦抑或包容的个性气度使得剑桥的科学研究更有耐力，学术锋芒更具杀伤性。整整八个世纪，剑桥在坚忍中承受历史赋予她的这种磨难和荣光。她独特的人文气质影响了世界学术研究的历史进程，她以'为往圣继绝学'的勇气和大智慧铸造了英国乃至世界人文科学教育的帝国大厦。"（《剑桥大学凭什么出名》序言）

剑桥大学建校初期，牛津的逃亡者们请来了牛津大学的几位老师，吃住在剑桥新校，不用教课。其意是让大师们举手投足间的文化修养影响新的学校，影响老师们，影响学生。

无论是刘备请诸葛亮，蔡元培请当时世界顶尖级的老师，还是剑桥大学的故事，都告诉我们人才成就事业。在学校里，大师比大楼重要。

艾瑞德国际学校的八大文化景观中，第一个是"丹山路"。"丹山路"取自晚唐诗人李商隐的诗句："桐花万里丹山路，雏凤清于老凤声。"寓意为：学校是梧桐树，老师是金凤凰。只有好老师才能成就好学校，只有好学校才能请来好老师。

构成学校的最重要的要素，就是老师。校长善于请来好老师，校长善于善待老师，校长有人文情怀，校长经营出好的校风。一所好学校，绝不是用规章制度管出来的，而是用愿景引领出来的，愿景引领一大批优秀老师成就好学校。

7.《西游记》的教育启示：容忍就是自由的根源

走向真善美

因为讲学，我在国内走过许多城市、许多学校，经常有校长们同我说：学生太躁，到处奔跑，如何解决为好？其实校长们也躁，老师们也躁。

静，从青，从争；青，意为蓝色。静：停下来，本意是松开争夺的手，去看天蓝色。

我讲学时，讲了《西游记》里花果山、水帘洞里宁静的故事。

吴承恩写《西游记》，有对孙悟空的诞生地或者说"家乡"花果山和水帘洞的细致、精美的描述。我喜欢花果山，喜欢那份宁静。

《西游记》写了从动物到人、从人到佛的过程。唐僧师徒西天取经，一直在走，孙悟空、猪八戒等在走体力——是动物到人的过程；唐僧走心力——是由人到佛的过程。他们师徒走过万水千山，历经九九八十一难，这既有体力的拼搏，又有心力的修炼。

唐僧的伟大在于，在西天取经的过程中，不仅取来真经，而且将孙悟空、猪八戒等教化成人，又将他们引向成佛。唐僧是何等的伟大。

从佛教的角度讲，中国文化里本来就包含佛教，学校教育就是走向佛的过程，即走向真善美的过程。学生在学校要学习知识，学习技术，更重要的要是走向真诚，走向善良，走向美好。

老师们应该学唐僧，带领学生走向真善美。

"花果山"之静美

《西游记》里这样描写花果山："此山乃十洲之祖脉，三岛之来龙，自开清浊而立，鸿蒙判后而成。真个好山！""那座山正当顶上，有一块仙石。其石有三丈六尺五寸高，有二丈四尺围圆。三丈六尺五寸高，按周天三百六十五度；二丈四尺围圆，按政历二十四气。上有九窍八孔，按九宫八卦。四面更无树木遮阴，左右倒有芝兰相衬。盖自开辟以来，每受天真地秀，日精月华，感之既久，遂有灵通之意。内育仙胞，一日迸裂，产一石卵，似圆球样大。因见风，化作一个石猴。"此猴"乃天地精华所生"，过着优哉生活，真是"山中无甲子，寒尽不知年"。

水帘洞是美好且宁静的。对水帘洞的宁静，《西游记》里说："这里边——刮风有处躲，下雨好存身。霜雪全无惧，雷声永不闻。烟霞常照耀，祥瑞每蒸薰。松竹年年秀，奇花日日新。""翠藓堆蓝，白云浮玉，光摇片片烟霞。虚窗静室，滑凳板生花。乳窟龙珠倚挂，萦回满地奇葩。锅灶傍崖存火迹，樽罍靠案见肴渣。石座石床真可爱，石盆石碗更堪夸。又见那一竿两竿修竹，三点五点梅花。几树青松常带雨，浑然象个人家。"

孙悟空的名字是菩提祖师起的。"孙"字由"子"和"系"组成。子者，儿男也；系者，婴细也，是婴儿之本论。我们做的教育，何尝不是婴儿之本论。

现在若有花果山、水帘洞这样静美的地方，一定会有许多城市里的心烦意乱之人，想去休闲一下；也会有在人生发展之中遇到困惑而不能解的人，想去静静心；或有在事业的征途中几经坎坷的人，想去安静一番。

其实，我倒希望教育人过去安静小憩。到那里感受静的孕育，静的温柔，静的凝聚，静的力量。抛弃那些浮躁和浮躁背景下的一大堆教育口号、教育理念、教育模式，静静地感受天地造化，天地孕育，天地和美。你的脚步会慢下来，你的语速会慢下来。你一定会有所悟，会顿悟，甚至会幡然猛醒。你会开目，看到前方的万道霞光，蒸蒸紫气升起。你会在静美的月光下重新思考，思考我们的教育何以失去了像孙悟空这样的学生。是因为我们失去了花果山的美，失去了水帘洞的静吗？失去了我们本来应该有的教育静美吗？失去了我们本来应该有的学校静美吗？

北京海淀六一中学的校园里，有一静美的小院，古朴的北方四合院和南方徽派建筑风格有机组合。我经常在小院里读书、写书，经常在小院里给外国朋友讲中国文化。

艾瑞德国际学校的自然生长教育研究院，是在校园一处安静的竹林里，是精巧的小木楼。小木楼里清新宁静，家具古朴，是读书的好去处，做学问的好去处，开展文化沙龙的好去处。学校文化就诞生在此处。我的办公室就在此处宁静着，伴着满屋的线装书宁静着。

小木楼是有生命的，这里像家，像图书馆，像展览馆。我经常请老师们来这里开展文化沙龙、教育沙龙。精美的沙龙，平和的论说，有顿悟，有生命感。

其实，学校的所有教室都应有生命，都应像家，像图书馆，像展览馆。

桃花源之向往

我喜欢静，教育需要静。在《西游记》里的水帘洞是静美的地方。还有陶渊明着重描写的桃花源，是人们经过闹市后，向往的静美之地。

桃花源是对恶浊乱世的一个挑战。这个挑战十分平静，默默地对峙着，一声不吭。后来又有了水帘洞。这个洞静了太久后，竟然孕育了大闹天宫的力量——孙悟空。

桃花源和水帘洞，气氛不同，性质相仿，都是人们意志的会聚。

桃花源人相处融洽和谐，没有个体冲撞。孙悟空有点个性，却也只是某种整体意向的象征——在天道秩序内。水帘洞里的秩序，倒是宁静无波。

无论是陶渊明笔下的《桃花源》，还是吴承恩《西游记》里的花果山、水帘洞，都是人们对静的向往。

学校不要浮躁，既要有桃花源的平和安静，又要有水帘洞的宁静无波。安静是心胸的开阔。学校有整体意向的安静，才会有安静的教师，有安静的学生。

静美处生个性，生能力。容忍就是自由的根源。学生没有静处，哪会有博大，哪会有生命的力量，哪会有智慧的生成；学校要有容忍，才会有学生的自由，那是整体意向里的自由和个性。抛开整体意向里的自由和个性，是无政府主义，是无秩序的乱象。

校园里为什么一定要有大大的标语？楼上为什么要有那么多大大的口号？是因为大人的不静，即校长们不静，老师们不静。

艾瑞德国际学校的所有楼上都没有字，这是我的建议，非常好。

宁静而神秘的太极图

黑白太极图，据说是孔老夫子创作的，或是先圣们智慧的结晶，已有两千多年。

宁静而神秘的太极图，就像一个涡卷万物的包容，一阴一阳呈旋转形，什么都旋得进去，什么都可包容。太极图是先圣无字的隆重遗留，是在无文字的天地里摸索了数十万年凝结而成的智慧，是中华民族的伟大智慧。

艾瑞德国际学校的读书广场（即图书馆）有一万种类共十万册图书。凡是看到的朋友无不喜欢，都是眼睛一亮，"哇，好舒服，好精美"。图书馆里的书架是乳白色的，整个空间都是乳白色的，其顶部的三分之一是灰黑色，黑白相间呈太极图形状。书架是弧形，内弧是书架，外弧也是书架。整个读书广场，我是按照太极图原理设计的，看着舒服极了。读书广场，涡卷万书，包藏知识，绽放智慧。

在这里，读书很方便，没有传统图书馆繁琐的借阅手续。这里又是上课的好地方，我给孩子们讲中国文化，讲汉字的故事，给家长朋友讲"家教八部曲"。老师、学生和家长走进这一大大的太极图书馆，都会静下来。有的老师、学生、家长，在这里能坐下来读一个小时的书，几个小时的书。

吴承恩设计的花果山、水帘洞，那么静美的地方，是否受太极图的影响，不得而知。

学校应是静美的

学校应是静美的。学校的人应是美的，物应是美的；学校的人应是静的，物应是静的。

蔡元培先生是在中国提出美育的第一人，他的"以美育代替宗教说"闻名于世。蔡元培是中国现代美术事业的开拓者，促进了中国现代美术教育体系的形成。徐悲鸿、刘海粟、林风眠等著名画家都得益于蔡元培的提携。

宁静的花果山，多少年后，天地造化，孕育出了睿智的孙悟空；有安静而又有竹秀烟霞的水帘洞，才有了能上扫九天残云，下斗四海恶浪的齐天大圣。

学校教育，一是要静，二是要美。

学生静，课堂是自由的；课堂自由，学生才会安静。静的学生，班级人数要少，教室空间要大，活动空间要大。静的学生，尊重自己，尊重他人，有礼貌，乐于承担责任。

老师要静，整体安静，没有人大声说话，这是文明的标志。老师安静、平和，学生自然就静。

中国现在的学校，太需要静了。

自由与秩序，秩序是前提

2015年新年来临前的几十分钟，在上海外滩发生了踩踏事件，36人遇难，最小的只有16岁，很多家庭陷入永远的哀思之中。悲剧之悲，痛心至极！

我在"端然先生"微信中写道："为什么发生如此悲剧，一个重要原因是'有序感不好'，游人缺少有序感，组织方无有序感意识。"

有人把这个事件定义为管理无能或疏漏，我并不完全认同。这是中国式大城市成长为世界级大城市的高速之殇，亦是快速成长所付出的巨大代价。如何在不取缔节假日大型活动的前提下，升级"意外管理"水准，建立人们的秩序感，是城市管理者和教育管理者应当时刻警醒及面对的新课题。

孙悟空拜师学了些如七十二变等本事后，有些飘飘然，大闹天宫，大闹龙宫，犯了"诳上之罪"。它忘了菩提祖师的嘱咐——"开口神气散，舌动是非生"，"你只不惹祸……"，惹祸"你之性命又不可保"。之后孙悟空被如来佛压在五行山下。一是作为对他的惩罚；二是让他静心。五百年后孙悟空"难满脱天罗"，遇到西天取经的唐僧，唐僧为其揭下如来的"金字压贴"，孙悟空一路保护唐僧破千难万险，西天取经。

孙悟空于此期间有些私欲膨胀，忘记了人间大道——在大家共同遵守的天道秩序中自由活动发展。静处诞生的孙悟空，闹腾了一段时间后，又回到静处，静静地独处五百年。经过五百年的修心，五百年的养性，孙悟空以行者为名，再出来重新"就业"。

自由与秩序，秩序是前提；没有秩序，何谈自由？大自然有其天然的秩序；儿童有天生就有的秩序。现在的有些儿童，从作业的高压下解放出来，自由多了，活动多了，又忘了秩序。

我期待更多的教育同仁——校长、教师，以及家长们能将"秩序"作为儿童生长的重要行为！千万不要因为自由而忽略了秩序。

每个人的秩序感好了，上海外滩踩踏事件就不会发生了。

孙悟空的选择

《西游记》写孙悟空保护唐僧西天取经，历经十四寒暑取来真经，修成正果。《西游记》第一百回中说道："行者、沙僧个个稳重。只因道果完成，自然安静。"如来对孙悟空说："在途中炼魔降怪有功，全始全终，加升大职正果，汝为斗战胜佛。"

孙悟空的人生面临几次重要的选择。第一次选择了在安静的仙地花果山出生——是天地孕育；选择了山清水秀的水帘洞为家——是世外桃源。第二次经过八九年漂洋过海，选择"灵台方寸山，斜月三星洞"，拜菩提祖师学腾云驾雾等武艺——是生存发展的资本。第三次因为没有读懂人生，有点本事就胡作非为，在人生遇到麻烦后，组织（如来）帮他选择，让他在五行山下静心独处五百年——悟空接受处罚，安静修性，然后选择跟随并保护唐僧西天取经。

这次悟空选对方向了吗？答案是选对了，终成正果了。

对于每个人而言，选择多么重要。18岁走向成人，应学会选择和放下。贪官之贪，就是只会选择不会放下。

教育一味地教学生学会知识、技能，学会竞争，不会放下，不会包容，是非常危险的。很多人有了些本事，就出事了，这和当年在学校的盲目竞争教育有关系。

宽容是生命本能

贞观十三年九月望前三日，唐僧踏上西天取经的征途。

唐僧何以西天取经成功？因素固然很多。其中，唐僧的宽容，对孙悟空、猪八戒、沙和尚这些徒弟的宽容，尤其是对特别自由的孙悟空的宽容，让我欣赏。

宽容不是谦让，是生命的本能；宽容不是谦让，是互融共生契约。

我构建的学生八大品质其一就是宽容。我希望学生保持生命本来就有的宽容。这个世界有许多路，为什么一定要在一条路上竞争。树和草没有生存竞争，太阳和月亮人们都需要。过去是三百六十行，现在有三千六百行不止。

幸福的人，都善于宽容；政治家有大海一样的胸怀，善于宽容；优秀教师能宽容所有的学生，包括学生的缺点。每个孩子都是珍贵的存在。

大家还记得庙宇里方丈宽容小和尚的故事吧。一天夜里，方丈在庙宇院子里散步，听墙外有爬墙的声音，突然一个小和尚从高高的墙上跳下来，方丈赶快弯下腰，让小和尚落在自己的背上。小和尚看到是方丈，心里紧张地说不出话来，方丈说，快去睡觉吧。多么宽容的方丈。

愿景和尊重，促使取经成功

唐三藏西天取经，出发前众僧"有的说水远山高，有的说路多虎豹，有的说峻岭陡崖难度，有的说毒魔妖怪难降"。三藏以手指心，点头几度。三藏曰："心生，种种魔生；心灭，种种魔灭。我弟子曾在化生寺对佛设下洪誓大愿，不由我不尽此心。"

当时唐太宗亲自为他送行，着官人执壶酌酒，将御指拾一撮尘土，摅入酒中，并说："日久年深，山遥路远，御弟可进此酒：宁恋本乡一捻土，莫爱他乡万两金。"

愿景，是唐僧到西天取来真经的终生愿望。

受命西天取经后，唐僧说："贫僧有何德何能，敢蒙天恩眷顾如此？我这一去，定要捐躯努力，直至西天。如不到西天，不得真经，即死也不敢回国，永堕沉沦地狱。"

唐僧尊重他的几个徒弟，一路上，每天如是，每件事如是，十几年如是。唐僧不歧视他的任何徒弟，无论是本事大的孙悟空，还是顽皮的猪八戒，或是忠厚的沙僧。

唐僧的愿景引领和尊重，促使西天取经成功。

学校要有尊重文化，学生间相互尊重，尊重万物。学生不到处奔跑、喧哗，就是尊重；在运动场上，不把球乱扔，就是尊重；在楼道里，靠右侧通行，礼让低年级的弟弟妹妹就是尊重；在讨论问题时，不随意打断别人讲话，就是尊重；不拥挤在教室门口，就是尊重。

8. 四大名著的教育启示：做好班主任的奥妙

　　我做过八年的班主任。后来我多次给班主任作培训，讲"如何做好班主任？"

　　亲爱的老师，你是一位班主任，如果你班级的学生有贾宝玉、林黛玉、薛宝钗、晴雯、金钏、袭人等学生，你会如何做班主任？如果有孙悟空、猪八戒、沙僧，有诸葛亮、周瑜、关公、张飞、赵云，有武松、林冲等学生，你会如何管理班级？你会让这些有鲜明个性的学生组成一个良好的班集体吗？你会扼杀他们的鲜明个性吗？你会开除他们吗？

　　孙悟空有天大的本事，想在天界有一席之地，猪八戒顽皮，沙僧忠诚。唐僧这位弱不禁风的班主任管理他们的办法主要有两个：一是选孙悟空做班长，他能管住猪八戒、沙僧两位师弟；二是用到西天取真经的愿景引领全班学生前行，执著前行十四年。唐僧这位班主任老师自己顽强、坚持、执著，遇到千难万险不回头，不气馁，遇到美女、美好物质生活的诱惑不动摇。唐僧没有开主题班会，也没有开小班会，有的就是"出发""上路"，有的是善良，有的是关心他的学生们。唐僧十四年如一日，"敢问路在何方，路在脚下"，最后带领学生们成为有凝聚力、有战斗力的优秀班集体，成功取经而归。

　　诸葛亮和周瑜都是才华横溢之顶尖级人才，两人在赤壁之战前面对共同的敌人曹操而联手。周瑜心胸狭窄，屡屡要加害诸葛亮时，诸葛亮为了抗曹之大计，保持冷静，保持克制，最后取得赤壁之战的胜利。诸葛亮和周瑜是两个不同班级的优秀学生，班主任刘备和孙权没有出面解决他们之间的矛盾。班主任老师不当警察，不给二人评理，让他们自己解决问题，解决矛盾。他们有个性，有智慧，更重要的是他们有共同的人生高远志向和当下一致的目标。

关公、张飞不听诸葛亮这位班长的，刘备这位老师怎么办？他没有开全班会议，动员大家听班长的，他把尚方宝剑给了诸葛亮，诸葛亮亮剑说"军中无戏言，不听指挥者斩"，这是浅层次的。更重要的是诸葛亮指挥第一个战役，就大获全胜，让关公、张飞心服口服。教育学生是用事实说话，而非班主任老师天天开班会和唠叨。

武松、林冲等梁山学生们，他们义气十足，"路见不平一声吼"，"拔刀相助"，他们有正义感，也有莽撞。班主任及时雨宋江高举"义"的大旗，聚拢大家。他善于帮助大家，热心为大家服务，也用108个座次等秩序规范大家。最后这些英雄学生们以失败告终，班主任宋江失误在哪里？他把班级组建起来了，又把班级带散了，散得非常悲壮。宋江的问题是，他只用"义"聚拢了一个有鲜明个性的超大班学生群体，而没有给这个班级的全体学生以前行的愿景。

《红楼梦》里的贾政在现实生活中是正面的，是位优秀班主任。他居高临下地管理班级，是执行继业警劝职责最卖力的人，这种卖力表现在管理宝玉上，在笞挞宝玉一事上表现得淋漓尽致。副班主任王夫人虽溺爱宝玉，但希望宝玉继业之紧迫感却不小于贾政。与贾政不同的是，她这种继业紧迫感集中表现在贾宝玉的配偶问题上。要继业就必须读书、中举、做官。所以，凡是能劝宝玉读书、劝宝玉留心于仕途经济者，王夫人即深信并深爱之，从她对袭人、宝钗的态度上可以看出这一点；而妨碍宝玉留心于仕途经济者，王夫人则深恶并深恨之，这从她对黛玉、晴雯、金钏的态度上可以看出来。

贾宝玉这位学生，他不认同当时的仕途经济等方面的价值取向；另一方面，他的自身价值又得不到确认。于是，男生贾宝玉专注于大观园这个女儿国，把大观园当成他的精神避难所。他沉迷于老庄的存在体悟之中，但大观园的幻灭使他感到无家可归，而他对众女生的专注又使他不可能真正达至老庄境界，他只有沉沦于无边的焦虑和无限的无奈之中。

老师如何教育贾宝玉这位有鲜明个性的学生？是批评，还是包容？是赶走，还是引领？

林黛玉又在贾府寄人篱下，她有才华，又敏感多疑，深深地恋着贾宝玉。"娴静时如娇花照水，行动处似弱柳扶风，心较比干多一窍，病如西子胜三分"，林黛玉是一个聪明多才、美貌体弱的病态美女子。这么一个柔弱的女子，无视世俗的传统，反其道而行之。"悲时序之递嬗兮，又属清秋。感遭家之不造兮，独处离愁"。

贾府的学生们在纸醉金迷中迷茫着，困惑着，呼喊着"出路在哪里？"

贾府的学生们需要一位真正的好班主任解救他们，贾母不是，贾政不是，王夫人不是，王熙凤也不是。秦可卿发现了贾府的问题，发现了这个大班级学生们的问题，临死托梦给王熙凤，希望她能解决。秦可卿、王熙凤、贾探春、薛宝钗等人在努力，甚至力挽狂澜，以不让贾府忽喇喇似大厦倾，可最终一切都是徒劳。贾府里真正需要一位好班主任，一位懂得学生心理，懂得时代大势，懂得愿景引领，善于把握全局，又善于因材施教的好老师。

现在的学生们需要解放，把他们从老师的一言堂、满堂灌中解放出来，把他们从大量的作业中解放出来，把他们从分数排榜中解放出来，把他们从无数个学习培训班里解放出来。

现在的教育需要唐僧这样有理想，有愿景，有尊重，坚持、执著的老师，善于把"动物"转化成人的老师，把人带向佛的老师。现在的教育需要刘备这样的老师，因材施教，善于发挥诸葛亮的智慧，发挥张飞的勇猛，发挥关公的忠诚，发挥赵云的智勇双全。

现在的教育真的需要好老师，需要好班主任。

附：

神话，让儿童无限遐想

《西游记》是神话故事。特别是前七回孙悟空的诞生过程和大闹天宫就是一个曼妙无穷、精美绝伦的神话。孙悟空一个跟头十万八千里，腾云驾雾，七十二变等等，把我们带入神话世界。《西游记》前七回是全书的精华部分，描述孙悟空对自由的本真追求，揭示了人性的自由本质与现实生活约束的矛盾。儿童都非常喜欢《西游记》，特别喜欢孙悟空，喜欢他的魔幻，喜欢他为了自由可上九天揽月，可下五洋捉鳖，喜欢他除妖斩魔那种挥洒自如、活灵神气的生命状态。

我在孩提时代，经常听爷爷们讲《西游记》中孙悟空等神话故事。后来自己能阅读了，也是读神话故事比较多，如盘古开天地、女娲补天、夸父逐日、精卫填海等。这些奇幻、美丽的神话故事，来源于远古时代。我的童年曾经沉浸其中，读着那些故事，我会产生许多遐想，有时异想天开，有时想有一个大大的发明，有时想像嫦娥一样飞去月球，有时会想真的有人会开天辟地吗……

后来学诗词也很欣赏含有神话的诗句，如"自从盘古破鸿蒙，开辟从兹清浊辨""寂寞嫦娥舒广袖""吴刚捧出桂花酒"，等等。

我读大学选择的是化学专业，这同儿时神话故事对我的影响有关系。记得刚当老师时，教初三化学。新年时，我组织学生搞了一次化学晚会。先用淡酸液写"化学晚会"四个大字，是无色的，大家看不出来有任何迹象。晚会开始，一名学生用喷雾器喷出石蕊溶液，"化学晚会"四个大字慢慢地以红色呈现出来，赢得一片掌声，一片呼喊。接下来魔幻节目一个接一个，都是学生设计、学生表演的。梦幻美妙的化学世界为学生们带来一个洋溢着欢声笑语的新年。从此，学生们非常喜欢化学。

神话，会给儿童无限遐想；神话，会给儿童美和智慧。

学校，无论是幼儿园还是小学，校园里应该有神话文化教育。如老师讲神话故事，校园有神话故事雕塑园，组织孩子们看神话故事电影，让孩子们画神话故事。

在此，列举几个经典的神话故事。

（1）盘古开天的故事。

盘古是开天辟地的中国民间神话传说人物。《三五历纪》有："天地浑沌如鸡子，盘古生其中。万八千岁，天地开辟，阳清为天，阴浊为地。盘古在其中，一日九变，神于天，圣于地。天日高一丈，地日厚一丈，盘古日长一丈，如此万八千岁。天数极高，地数极深，盘古极长。后乃有三皇。数起于一，立于三，成于五，盛于七，处于九，故天去地九万里。"

盘古开天辟地还有一层意思：盘是盘问、盘诘，古是以前就存在的事物，可以理解为早已存在的"道"，即只要不断追溯早已存在的"道"，便可以开辟天地。

［点评］

孩子们听讲盘古的故事，会有许多开天辟地的奇思妙想，会想出许许多多的办法。更珍贵的是，有些孩子会探索人类的来源——我是从何处来的？地球是从何处来的？宇宙是从何处来的？于是孩子们会好奇，会探索，会发现……科学家就这样诞生了。

教育，要保护儿童的奇思妙想。

（2）女娲补天的故事。

传说盘古开天辟地，女娲用黄泥造人，日月星辰各司其职，子民安居乐业，四海歌舞升平。后来共工与颛顼争帝位，不胜而怒，头触不周之山，导致天柱折，地维绝，四极废，九州裂，天倾西北，地陷东南，洪水泛滥，大火蔓延，人民流离失所。女娲看到她的子民们陷入巨大灾难之中，十分关切，决心炼石以补苍天。于是她周游四海，遍涉群山，选用各种各样的五色石子，架起火将它们熔化成浆，用这种石浆将残缺的天窟窿补好，随后又斩下一只大龟的四脚，当作四根柱子把倒塌的半边天支起来。女娲还擒杀了残害人民的黑龙，刹住了黑龙的嚣张气焰。最后为了堵住洪水，女娲还收集了大量芦草，把它们烧成灰，埋塞向四处蔓延的洪流。

经过女娲一番辛劳整治，苍天总算补上了，地填平了，水止住了，龙蛇猛兽敛迹了，人民又重新过上安乐的生活。但是这场特大的灾祸毕竟留下了痕迹。从此天还是有些向西北倾斜，因此太阳、月亮和众星辰都很自然地归向西方，又因为地向东南倾斜，所以一切江河都往那里汇流。天空出现的彩虹，就是女娲的补天神石散发的彩光。

[点评]

传说南京雨花石是女娲补天留下的石头。故事讲了女娲改造天地的雄伟气魄和大无畏的斗争精神。女娲是爱护子民的神，是为人民服务的公仆，是管宏观抓大事的人类救星。女娲又是善于克服一切困难，让混乱的天地归于秩序的。

教育，要让学生善于将混乱归于秩序。

（3）夸父逐日的故事。

远古时在遥远的北方，生活着一个叫夸父的巨人。在冰天雪地的北方，冬季的夜晚寒冷而漫长。一天晚上，夸父被冻得睡不着觉，他突发奇想：要是可以追上太阳，让太阳在人间多停留一段时间，那么人间就暖和多了。因为这个想法，他兴奋得一夜未眠。

第二天，太阳刚从东方发出第一缕光芒，夸父就迈开大步向着太阳升起的地方飞奔而去。可是，太阳跑得太快了。才一转眼，它已经跃上了枝头；又一转眼，它已经跳上了泰山；再一转眼，它已经挂在了半空。夸父没有被困难吓跑，他镇定地擦了擦额头的汗，甩开大步，追着太阳一路奔跑，辽阔的大地上留下了他追逐的脚印。近了，近了，更近了，只要再前进几步，就可以把太阳抱在怀里；近了，近了，更近了，太阳发出的火焰越来越热，几乎要把夸父身体内唯一的一点水分烤干。

夸父只好停下来，低下头，一口气喝光了黄河的水。这些水立刻从他的毛孔里蒸发出去了，他还是渴得要命。他又转过头，一口气喝光了渭河的水，他的心里还是觉得有团火在燃烧。路边的老人看到了，好心地对他说："年轻人，北方有一个很大的湖泊，那里的水取之不尽，用之不竭。"夸父便迈开大步向北方走去。

走啊走啊，也不知道走了多远，还是看不到北方那个大湖泊的影子。他太渴了，也太累了，再也坚持不住了。他回过头，深情地望了一眼温暖的太阳，用力把手杖扔了出去，不甘心地倒了下来，砸得大地抖了三抖。

追逐太阳的巨人夸父就这样死了，死在追逐太阳的路上。他死后，身体变成了一座连绵千里的山脉，他扔出去的手杖变成了一片桃林。这片桃林枝繁叶茂，果实累累，长途跋涉的人经过那里，摘一个桃子吃，立刻满口生津，浑身有劲。

[点评]

夸父虽然没有追到太阳，但他仍然是个英雄，他对理想的执著追求令人钦佩不已。即使死了，夸父也为后来人留下了一笔珍贵的财富——一片可以帮助人们养精蓄锐、继续前进的桃林。故事会引发孩子们思考：太阳的热、太阳的光芒究竟是如何发出来的？太阳那么遥远竟能辐射到我们的家园地球上，让我们感到无尽的温暖。这是其一。

其二，夸父是一位了不起的英雄，追赶太阳，想"让太阳在人间多停留一段时间，那么人间就暖和多了"，这是多么伟大的为人类的服务的思想。夸父虽然没能实现理想，却使"身体变成了一座连绵千里的山脉，他扔出去的手杖变成了一片桃林。这片桃林枝繁叶茂，果实累累，长途跋涉的人经过那里，摘一个桃子吃，立刻满口生津，浑身有劲"。

其三，可以让高年级的孩子们讨论夸父该不该追日。该，为什么？不该，为什么？

教育，应让学生有为人类服务的思想。

（4）精卫填海的故事。

精卫填海，是中国上古神话传说。相传精卫本是炎帝神农氏的小女儿，名唤女娃，一日女娃到东海游玩，溺于水中。死后其不平的精灵化作花脑袋、白嘴壳、红色爪子的一种神鸟，每天从山上衔来石头和草木，投入东海，然后发出"精卫、精卫"的悲鸣，好像在呼唤着自己。

女娃生前与大海无冤无仇，但是却不慎溺水身亡，如此与大海结下仇恨，化身为鸟终身进行填海的复仇事业。

[点评]

精卫填海的故事，是描写象征百折不回的毅力和意志的。

"精卫填海"同"愚公移山"相似。故事能启发孩子们，人会有一种精神，一种强大的精神，这个精神会产生力量，巨大的力量。"精卫填海"是一个人执著填海不停，"愚公移山"是一家人世代相接而移山不止。

故事会引发儿童对精卫的喜欢，对精卫的赞美。精卫的恒心与毅力会影响儿童。精卫填海的精神，若迁移到学生的读书学习上，迁移到学生后来的科学实验上，学生何以不成才？

教育，应让学生有持久的毅力品质。

（5）后羿射日的故事。

传说远古时候，天空曾有十个太阳，他们都是东方天帝的儿子。这十个太阳跟他们的母亲、天帝的妻子共同住在东海边上。母亲经常把十个孩子放在东海里洗澡。洗完澡后，让他们像小鸟那样栖息在一棵大树上。因为每个太阳的形象中心都是一只鸟，所以大树就成了他们的家，九个太阳栖息在长得较矮的树枝上，另一个太阳则栖息在树梢上。当黎明需要晨光来临时，栖息在树梢上的太阳便坐着两轮车，穿越天空，照射人间，把光和热洒遍世界的每个角落。十个太阳每天一换，轮流当值，秩序井然，天地万物一片和谐。人和人像邻居、朋友那样，生活在一起，日出而耕，日落而息，生活过得既美满又幸福。人和动物也能和睦相处。那时候人们感恩于太阳给他们带来了时辰、光明和欢乐，经常面向天空磕头作揖，顶礼膜拜。

可是，这样的日子长了，这十个太阳就觉得无聊了，他们想要一起周游天空，觉得那样肯定很有趣。于是，当黎明来临时，十个太阳一起爬上双轮车，踏上了穿越天空的征程。这一下，大地上的人和万物就受不了了。十个太阳像十个大火团，他们一起放出的热量烤焦了大地，烧死了许许多多的人和动物。森林着火啦，所有的树木、庄稼和房子都被烧成了灰烬。那些在大火中没有被烧死的人和动物，突然奔跑，四下流窜，发疯似的寻找可以躲避灾难的地方和能救命的水和食物。

这时，有个年轻英俊的英雄叫后羿，他是个神箭手，箭法超群，百发百中。他被天帝召唤去，领受了驱赶太阳的使命。他看到人们生活在火难中，心中十分不忍，便暗下决心射掉那多余的九个太阳，帮助人们脱离苦海。

后羿拉开了万斤力弓弩，搭上千斤重利箭，瞄准天上火辣辣的太阳，一箭一箭地把九个太阳射落。中了箭的九个太阳一个接一个地死去。他们的羽毛纷纷落在地上，他们的光和热一点一点地消失了。直到最后剩下一个太阳，他怕极了，就按照后羿的吩咐，老老实实地为大地和万物继续贡献光和热。

从此，这个太阳每天从东方的海边升起，晚上从西边山上落下，温暖着人间，保持万物生存，人们安居乐业。

[点评]

后羿射日的故事告诉我们一个道理：世间的事物应是有序的，而非无序的。当世界有一个太阳值班时，人们的生活按部就班，井然有序，处于安居乐业的状态。当十个太阳都出来了，就是任性，就是无序，后果是大地变得极热，继而焦烤。任性破坏了秩序，破坏了正常生活。后羿被天帝召唤去，领受了驱赶太阳的使命，这也是恢复天地太阳正常运行的使命，恢复人们正常生活秩序的使命。后羿不负众

望，完成了使命。

后羿射日的神话故事，告诉我们天地有序，万物有理，春夏秋冬，日出日落，皆在自然之中。教育应是自然生长。儿童应有序生长，而非跨越式发展。

教育，应使儿童自然生长。

（6）八仙过海的故事。

八仙分别是：铁拐李、汉钟离、蓝采和、张果老、何仙姑、韩湘子、曹国舅和吕洞宾。

有一天，八仙向西王母拜寿回来，腾云驾雾从东海上空经过，只见海上波涛汹涌，白浪滔天，煞是壮观。于是，八仙决定到海面上玩一玩。

吕洞宾说："大家把自己的宝物扔到海面上，借着它渡过大海，比一比谁更神通广大，怎么样？"

铁拐李首先对这一建议表示欢迎，他兴致昂扬地说："好啊！大家先看我的！"他把拐杖投向海中，拐杖像一条小船漂浮在水面上，铁拐李一个筋斗，翻立在拐杖上。接着汉钟离把他的芭蕉扇丢到海上，跳下去站在上面。接着，其他几位仙人也各显神通，张果老倒骑着毛驴，吕洞宾踏着雌雄宝剑，韩湘子坐着萧，何仙姑乘着花篮，蓝采和站在拍板上，曹国舅踩着玉版，都在海面上漂浮了起来。

八仙安稳地顺着汹涌的波浪漂去，这与腾云驾雾感觉大不相同，别有一番新的刺激和情调，大家玩得好畅快。

这时，曹国舅突然用手指向右边，并高声喊道："大家看啊！那里有座海市蜃楼！"

大家转头一看，只见一座仙山渐渐地从海里升起，山上有树木，有楼房，一会儿就升到半空中，慢慢地变成天边的浮云，一转眼，那浮云又被风吹散了。

韩湘子说："我们真是眼福不浅！蜃气是海里蛟龙嘘出来的气体，百年难得一见啊！"

突然，蓝采和从他们当中消失了。大家远近观望，一边找一边喊，可就是不见蓝采和的踪迹，张果老猜说："可能是东海龙王作怪，他不欢迎我们在他的海上大显神通，所以把蓝采和抓去了。"于是，为了救蓝采和，八仙与龙王的兵将大打出手。双方打得天昏地暗，惊动了太上老君、如来佛等"领导"出来调解。

因为这一场纠纷，八仙被玉皇大帝降级一等。从此，八仙再也不敢到外面惹是生非了。

[点评]

八仙过海惹是非，闹得大海不得安宁，天上不得安宁。大自然是有秩序的，世界是有秩序的，人类社会也是有秩序的，人们不要破坏秩序，破坏了就要受到惩罚。

八仙是自由人，自由人的随意有时会破坏社会秩序。教育很重要的一个使命，就是让儿童建立秩序感。老师们经常讲培养人才，对学校出来的学生若以人才为论，则秩序感是第一位的。

教育，要使儿童有秩序感。

（7）牛郎与织女的故事。

话说天地三界，上有天庭，中有人间，下有鬼域。天庭里没有花开花落，没有四季，没有饮食男女，没有生老病死，没有任何娱乐，神的生活寂寞无聊。除了尊贵的神，其他神没有家庭亲眷、兄弟姐妹，也没什么感情。

玉皇大帝和王母有三个女儿，大女儿斯冰，是掌管冰雪的女神，她性情暴虐偏执，动不动就施法惩罚别人，众神都对她敬而远之。二女儿旱拔，其貌不扬，却是个花痴，整天追逐男神，众神都对她避之不及。三女儿织女是玉帝和王母最疼爱的女儿，她生性活泼，清纯可爱，人见人爱，对人间诸事都充满好奇。

西天王是天上的一股恶势力，因为早年积怨，为报复玉帝，他劫走了织女，从而引发了一场天战。谁料在这场天战中西天王的独子火神祝融阴差阳错、鬼使神差地与玉帝大女儿斯冰相恋了，一场天战演变成了一场大婚。偏偏织女不小心将成就斯冰大婚的"问心果"跌落至人间，她来到人间离天庭最近的地方——"天尽头"寻找"问心果"，巧遇了牛郎。

牛郎是刘老儿家的二儿子，刘老儿偏爱好吃懒做、会耍心眼的长子大郎，什么苦活累活都让牛郎去干。他家有一口老祖宗留下的古井，这口井是全村人的饮用水源，所以刘老儿一家在天尽头也算是小康之家了。村里很多人家都想把女儿嫁到他家来当媳妇，村里最漂亮的姑娘凤凰一家也在打他家的主意。七月初七，天尽头的相亲大会上，凤凰本来设计相中了牛郎，却在忙乱中跟大郎拜了堂。

天梭是织女的工具和跟班，它将牛郎要和凤凰成婚的消息告诉织女后，织女想尽办法下了凡间，但玉帝要求她必须尊重仙界的七戒，违背的话将被逐出仙界。织女到了凡间，得知牛郎并未与凤凰结婚后，二人逐渐产生情感，排除千万阻碍，终于结为夫妇。

对他俩的婚姻，凤凰非常嫉妒，百般刁难他们，但最终都被织女凭借聪慧——化解，织女还把织丝的技术传到人间，从此天下有了五彩丝绸。织女和牛郎生活美满，玉帝、王母并不知道。日日监视着他们的自私的灶王为了自己能升官，便将织女与凡人成婚的消息传到了天庭，王母命天兵天将召回织女，织女不舍得离开牛郎。王母受斯冰挑拨决定惩罚人类，她命灶王带瘟疫下界。灶王偷偷把病毒撒在刘家的水井里，瘟疫很快流行开，天尽头的人全病了，牛郎也不例外，只有织女没有感染。乡民受挑拨决定赶走织女，牛郎也与织女决裂。还好天梭收到织女的求助将她带上天，并偷回了解毒的药汁，为村民解决了灾难。

斯冰看到织女和牛郎又过上了幸福的日子，怒火中烧，撺掇丈夫祝融用天火危害民间，可怜的织女又受凤凰和大郎的挑拨，被赶出天尽头。这时，织女遇到一直暗恋自己的水神夏禹的儿子夏炎，他帮助她成功降雨。乡民们欣喜若狂，终于被织女感动，奉织女为救星，修建织女庙。一度对爱人失去信任的牛郎，非常悔恨，自觉无颜再见织女，决定自杀之际得夏炎出手相救。织女虽受爱人冷落，但终究还是喜欢牛郎，最终二人重归于好。天火熄灭后，祝融死了，这一下惹怒了西天王，他抓走织女准备处死她。夏炎为救织女，自刎而死。差点搅起天庭大战，同时也揭露了一个秘密，原来织女并非王母所生，而是玉帝和西天王爱妃瑶姬的私生女。王母暴怒，多亏玉帝求情，王母被迫同意放织女返回人间。但加重罚条：不可生儿育女，如生儿女，三岁将死。织女誓不做天神，决绝下凡而去。

因为王母的戒条，织女一直不敢生孩子。有了身孕就求送子娘娘送给别人。但牛郎特别喜欢小孩子，织女为了牛郎，冒险生了一对龙凤胎，可爱漂亮，人见人爱。可就在爱儿三周岁的前一晚，看着天真可爱、牙牙学语的孩子天亮就要死去，织女吐露真情，向牛郎告别返回天庭。织女走后，牛郎决定要带着一双儿女上天庭找织女回来。

王母忌恨织女，坚决不准放牛郎进天门，还要处死他们一家。瑶姬为了女儿织女，跳下天涯。瑶姬一死，惹怒了西天王和玉帝，王母迫于无奈只得免去死令，但用头簪划下天河，隔断牛郎织女两夫妻相见。玉帝感动于他们的真情，情愿交出自己的大权迫使王母允许他们夫妻每年七月七日隔河见一次面。喜鹊每年七月七日搭成鹊桥，让织女一家四口在鹊桥上相会。牛郎和织女苦候着每年七夕的相会。久而久之，苦候在河边等七夕的牛郎化为牵牛星，与他深爱的织女星遥遥相对，光照天地间，他们永世不分离的爱的誓言，终于实现。

[点评]

牛郎与织女的故事，大家非常喜欢，我们整个民族都是喜欢的，所以才有七夕节。牛郎与织女的故事扬善惩恶，呼唤美好，向往美好的爱情，向往美好的生活。

牛郎与织女的故事和嫦娥奔月的故事催生了中华民族千年的飞天梦想，这个梦想终于实现了。儿童的世界是梦想的，梦想充满了整个儿童世界；儿童的世界是善良的，善良支撑着整个儿童世界。有童年的梦想，就会有无限的遐想，无限的追求。

第二辑　邂逅文学经典

教育，要保护儿童的发现欲。

（8）哪吒闹海的故事。

陈塘关总兵李靖的夫人怀胎三年零六个月后，生下一个肉球。忽然光芒四射，从中跳出一个男孩。李靖闷闷不乐，一位名叫太乙真人的道长却来贺喜，为孩儿取名哪吒，收之为徒，当场赠他两件宝物：乾坤圈和浑天绫。哪吒七岁，天旱地裂，东海龙王滴水不降，还命夜叉去海边强抢童男童女。哪吒见义勇为，用乾坤圈打死夜叉，又杀了前来增援的龙王之子敖丙。龙王去天宫告状，途中又被哪吒打得半死。于是，东海龙王请来三位兄弟，共商报复之计。

第二天，四海龙王带领水兵水将兴风作浪，水淹陈塘关，要李靖交出哪吒才肯收兵。哪吒想要反击，遭到李靖的阻拦，并被没收了两件法宝。哪吒为了全城百姓的安危，挺身而出，悲愤自刎。事后，太乙真人借莲花与鲜藕为身躯，使哪吒还魂复生。复生后的哪吒手持火尖枪、脚踏风火轮，大闹龙宫，战败龙王，为民除害。

[点评]

哪吒是英雄，是敢于见义勇为的英雄，是为民除害的英雄。儿童大都喜欢英雄，崇拜英雄。讲英雄的神话故事也最能感染男孩子。

我一直主张，对男孩子该有些"英雄主义"教育。"父"字是由两个大板斧组成，是力量的象征。男人要有担当，有责任，要勇敢、坚强……

艾瑞德国际学校的校训石有两米高，正面看像一位顶天立地的男子汉，侧面看则似窈窕淑女。此设计是寓意学校教育对男生和女生的指向生长。

教育，要使儿童勇敢、坚强。

这些神话故事，我们应该都不陌生。我们的教育应从神话开始，或有神话内容。我建议幼儿园或小学校园都有神话故事园。

八个神话故事，是我们中华民族一代代流传下来的瑰宝。神话故事启发我们：教育，应保护儿童的奇思妙想；教育，要让学生善于将混乱归于秩序；教育，应让学生有为人类服务的思想；教育，要让学生有持久的毅力品质；教育，应使儿童自然生长；教育，要使儿童有秩序感；教育，要保护儿童的发现欲；教育，要使儿童勇敢、坚强。

其实，神话故事已经告诉我们，这是我们民族的价值追求。

第三辑

邂逅文化智慧

9. 教育的"三"在哪里？

——一分为三的道理

一分为三的启示

《三国演义》讲东汉末年三国的故事，是曹操、刘备、孙权三股政治势力三分天下的故事。

《三国演义》开篇第一回从"宴桃园豪杰三结义"开始。汉"传至献帝，遂分为三国"。"时巨鹿郡有兄弟三人：一名张角，一名张宝，一名张梁。"张角"遇一老人……以天书三卷授之。""次日，于桃园中……三人焚香再拜而说誓曰：'念刘备、关羽、张飞，虽然异姓，既结为兄弟。'""聚乡中勇士，得三百余人。"

《三国演义》第一回仅有几个自然段，寥寥数语，就有几个"三"出现。

《三国演义》最后一回，即第一百二十回"降孙浩三分归一统"。三国时代结束，国家归于一统。

2015 年 4 月，我到湖北襄阳讲学，特意到距离襄阳仅 20 多公里的卧龙岗，拜贤圣诸葛孔明。诸葛亮故居院落里有一种树叫金桂树。细观察金桂树，每个树干分出三个分枝干，每个分枝干又分出三个枝杈。从树的主干开始，一分为三的向上分出去，越分越多，整个树茂盛参天，像天然构建的三角形艺术品。

山东大学教授庞朴认为："我相信世界在本质上是统一的，同时又是三分的；统一是三分的统一，三分是统一的三分。源远流长博大精深的中华文化，其密码也是一个'三'字。"在中国文化里，"三"是一个重要的数字符号。道家说，道生一，一生二，二生三，三生万物，是也。天地人为三，大地是其一，苍天是其一，天地间的万物是其一，人是万物的代表，所以天地人三个元素构成了大自然。天地人各为一，即三，就没有四了。

孔子说，人生的三个步骤，少年"戒之在色"，中年"戒之在斗"，老年"戒之在得"。

著名学者钱穆先生写过文章《人生三路向》，我很欣赏。

在数学的众多几何图形里，四边形不稳定，六边形不稳定，唯有三角形是最具稳定性的几何图形。所以建筑上房梁多用三角形来支撑屋顶。

任何一件事，一个项目，一项工程，一个活动，完成此事无论有几个元素，找出其中三个重要的关键要素做好，其他都会迎刃而解——这是重要的管理学原理。

天地人为三。天地人和顺，是人遵循天地运行规律，天人合一，方能风调雨顺，否则就会出现自然灾害。

中国历史上有三皇：尧、舜、禹；有三教文化：儒、释、道。

一个季度有三个月。如春季有早春二月，阳春三月，暮春四月。

一个月有三旬：上旬、中旬和下旬。

大人和儿童都爱玩石头、剪刀、布游戏。石头、剪刀、布三者的相互关系很有意思，是一分为三，又相互制约。石头、剪刀、布游戏给我们学校管理以非常大的启示。

没能生发出相生相克的理性力量时，就拥有过于发达的技术，是现代人类最大的不幸。其实，这是西方文化和技术。中国文化的太极和阴阳，就是辩证的哲学。西方文化背景下的现代教育对中国教育冲击特别大，而又有夸张之势，危害极大。

教育的"三"在哪里？

（1）学校，大师比大楼重要。

学校有三个人的群体，一个群体是老师，一个群体是学生，一个群体是家长。在这三个群体里，老师是最重要的。蔡元培当年出任北京大学校长时，从全世界聘请好老师，大师级老师，才成就了北京大学。只有好老师，才能教育出好学生；只有好老师，才能引领家长共同教育好学生。大师比大楼重要。

在中国文化里，老师和学生是以友道相处，老师既是父母，又是朋友、兄弟。"一日为师，终身为父"。

因战乱，清华北大南开搬迁到云南重组为西南联大，当时物质条件那么艰难，仍然人才辈出，就是因为有先生——大师级老师，有独立之精神、自由之思想的先生们。他们不论治学还是做人，都能倾情投入，又不为名利缰索束缚。在那兵荒马乱、颠沛流离的时代，先生们怀有理想，"敬字惜纸"，对教育有一种崇敬感，这才有了当年的西南联大，培养了许多世界级的人才。

校长是教师里的一员，校长做什么？ 1939 年 7 月在重庆附近创办育才学校的陶行知校长，一次对学生的衣服作了检查，嘱咐相关老师重新整理：

（一）补衣服所用之线色须与原线一致；
（二）补充之纽扣大小颜色与原扣一致；
（三）破处及裂缝须完全补好；
（四）脏处再细心洗净；
（五）针线须用心依规矩缝；
（六）虱子须自行检查，如果染着了，须肃清，以免流传。

这是一位世界知名的大教育家，对一件极寻常的"小事"进行寻常嘱咐，内容也是寻常道理。然而这就是大爱，这就是教育情怀，这就是大师的行为。

（2）学校的办学思想是第一位的。

在学校的办学思想、课程和办学设备中，办学思想是第一位的。只有办学思想正确，才会发挥办学设备即物品的作用。只有办学思想在教育的轨道上，在教育的天道上，课程才能发挥育人的作用。办学思想不是口号，是学校的方向，是需要全体教师能理解并践行的共同教育愿景。

（3）美育在前，人才会美。

若把学校教育分为德育、智育、美育（包括体育）三部分（此分法未必科学，目前我国教育都这样分），我认为排序第一的为美育（包括体育）。一所学校，一所优秀的学校，首先是传递美的地方，是绽放美的地方，是彰显美的地方。这所学校的老师们，应是心灵美、行为美、着装美的。学校的楼宇亭阁是建筑美；学校的奇松怪石、鲜花小草书写着自然美。在美的环境里，在美的人际关系中，学生的天赋才容易转化为智慧，或者说学生的创造力才会最大化。

教育，应是让人们向善。善乃美也。

体育当然重要。学生身体、心理健康比什么都重要。英国教育家洛克在300年前写的一部教育书，前60%写体育。他认为身体对于每个人是最重要的。接下来30%写德育，最后的10%写智育。在西方教育史上，洛克是把教育分为德育、智育、体育的第一人。

父母亲给予孩子健康的身体（心理）比金钱重要，比知识重要。

（4）儿童天生爱学习。

若把学校教育分为三个要素——学生、教材、教学，学生一定是最重要的。古老的《易经》里说："匪我求童蒙，童蒙求我。"儿童天生爱学习，他们每天在探寻，在发现。他们要发现大自然，要发现自己。这个过程不是大人要求的，而是儿童自发的。

儿童是天真的，天真是没有知识。很小的小孩子没有野心，也没有欲望，他们会全身心地投入、满足。他们会全神贯注于某一件事上——一只飞翔的小鸟便完全吸引了他们的视线；一只蝴蝶，它的绚丽的色彩便会令他们万分喜悦；天空的彩虹，他们无法想象还有什么比这彩虹更灿烂的；还有布满星星的夜空，星星连着星星。天真是富有的，它是充实的，它是纯洁的。

若老师把自己列为第一重要，学生会被动地学习，被逼迫着学习，在巨大的压力下学习，学生为学习所累，学习状况会适得其反。

若老师把教材放在第一位，视教材知识为唯一，则学生越学越无味道，越学知识面会越窄，最后只会考试了，考试答案是知识的唯一了。

若老师视课堂教学为唯一，学生整天被关在教室里，像笼中小鸟。学生远离大自然，远离生活实践，远离社会，则知识仅仅是书本知识，没有实践，没有感性认识，在这种教学背景下，学生真的会成为废材。

（5）三岁看大是习惯。

幼儿园三年，小班、中班、大班。小班在前，做什么？孩子刚刚入园，行为习惯最重要。学会吃饭、走路、穿衣等最基本的生活行为，这些习惯未来被迁移到学习上，迁移到读书上，都会有益成长。我在《自然生长教育——包祥讲家教八部曲》第三部里，讲"一生受益的八个好习惯"，就是儿童在三岁前后一年多的时间里，行为易固化下来，成为习惯。每天都发生的行为是习惯，如吃饭、走路、穿衣等。

幼儿园教育，无须说大话，不谈什么创造啊，创新啊，就是从穿衣和吃饭这些"小事"做起。

美国著名作家梭罗写过《瓦尔登湖》，主张人类应回到自然，遵循有秩序的生活。

（6）老师说"事"，不讲"理"。

小学两个三年。一到三年级，当然一年级最重要。一年级是儿童开始真正学习了。

小学语文教育从一年级开始，应从说文开始。如"上、下、天、地"，宇宙开始是混沌的，后来一划开天地，上面是"天"，下面是"地"。一划上面加一竖，是"上"，下面加一竖，是"下"。"富"是家里田地多。"穷"是身子弓着躲在洞穴里不敢出来。"由"是"田"里草木萌芽了。汉字的"字"有两个意思：一个是符号，看到一个字，就知道是代表一个物件，或事物，或精神状态等；还有一个是美。汉字的美好意思，现在的语文教学几乎都给丢掉了。

一年级的孩子们七岁，这个年龄对事物主要还是感性认识，这时老师们不适宜大量讲理性知识，不适宜讲"道理"。

一年级的语文老师应给儿童讲一些神话故事，让他们学习简单的唐诗宋词。

对于小学一、二年级的儿童，老师要说"事"，不讲"理"。

四到六年级，四年级最重要。四年级的孩子们九岁或十岁。这个年龄的儿童感性认识在丰富，而理性认识在渐渐开始。要保留住孩子们的感性认识，起始好理性认识。

（7）老师走向优秀，读懂儿童最重要。

讲课、游戏、作业三项，对于儿童而言，当然游戏最重要。南非第一任黑人总统曼德拉说，对他人生影响最大的事，是儿时的游戏。

关于师生关系，禅宗有一句名言："见与师齐，减师半德；见过于师，方堪传授。"这里有三条：一是学生拜一位好老师；二是学生的见解、知识、学问同老师一样，然而德行只有老师的一半，老师的年龄比学生大许多，老师永远在学生前面；三是学生的见解超过老师，才够得上做学生。找一位好老师是最重要的。

小学、初中、高中三个阶段的教育，小学最重要。当年普鲁士之所以战胜法国，人们归功于小学教育，归功于小学教师。

一位新老师走向优秀，读懂儿童最重要。新老师在成长过程中，许多事要做，其中三件事最重要。一是爱学生，深深地爱着学生，爱着每一位学生。爱是教育的底色。二是读书，只有读书，才会有厚重的文化底蕴；只有读书，视野才开阔。三是读懂儿童，研究儿童。不懂得儿童的老师，何以能做好教育？老师应读懂儿童，读懂儿童的喜怒哀乐，读懂儿童的认识规律。老师应遵循规律教育之。

（8）读懂作者的思想和志向。

学习三部曲，一是学习知识（技巧），二是学习知识的规律，三是读懂作者的思想和志向。

当年孔子在鲁国学琴，只学习了十天，一首曲子就学会了。老师说："你可以学其他曲子了。"孔子说："我虽然学会了这首曲子，但还没有掌握它的规律。"过了几天，老师说："你已经掌握它的规律了。"孔子说："我还没有领略曲子表达的思想和志向。"又过了一段时间，孔子已经领略了作曲者的思想和志向。他还是想了解曲子的作者。他弹啊弹，忽而庄严肃穆地凝神深思，忽而怡然自得地举头眺望，突然他高兴地呼喊："我知道了，这个人身材修长，皮肤黝黑，目光深邃，犹如君临天下的圣王。就是这个人——周文王。"老师说："这首曲子正是《文王操》。"

学生学习知识，要掌握知识的规律，要读懂作者的思想。

我在《教育原来如此美好》一书中，详细谈了教育三部曲：设期望、给机会、善评价；教育三原则：递进行、主动性、持久性；管理三元素：质量方针、过程文件和评估体系。

10．"相生相克的理性力量"在哪里
——对科学发展的思考

相生相克的理性力量

《三国演义》在一百零二回"诸葛亮造木牛流马"中，孔明笑曰："吾已运谋多时也。""教人制作'木牛''流马'，搬运粮米，甚是便利。牛马皆不水食，可以昼夜转运不绝也。""木牛流马皆造完备，宛然如活者一般；上山下岭，各尽其便。"有诗曰："剑关险峻驱流马，斜谷崎岖驾木牛。后世若能行此法，输将安得使人愁？"

"木牛""流马"作为运输工具，在三国时代是非常先进的，可以称得上世界最先进的运输工具。遗憾的是诸葛亮有如此先进的技术发明，没有将之用于老百姓的生活和当时的农业生产，而是用于了战争。被称为我们民族智慧的化身的诸葛亮，一生所有的智慧几乎都贡献给了战争（国内战争），这也许是我们这个民族的悲哀。

南怀瑾老先生说：本来我们的科学是很发达的，为什么到了魏晋时代，把科学停止不准发展了呢？我说，那个时候他们的思想是对的。中国文化的道家思想，认为物质文明越发达，人类的欲望越强，那就越不可收拾了。物质文明发展到越高水平，人类的欲望跟着越强，越乱。所以，魏晋避开这个（指科学发展）。

现代人认为古人是错的，其实古人没有错。科学的发明，物质文明的发展，给人类带来了很多便捷，而没有给人类带来幸福，反而带来更多的痛苦，如环境污染、雾霾、交通拥堵、食品不安全等。

比这些更可怕的是用科学技术发明武器，将之用于战争，毁灭人类的战争。

我们现在要发展科学，学生要学习科学，已经是趋势，没有错。问题是，学习科学要有人文精神、人文情怀。

若我们现在的学生，未来成为企业家，他们没有很好的人文情怀，他们会排污吗？会有雾霾吗？

董玉洁在《落在河里的毒箭》一文中说："10岁时就想制作百发百中的带毒弓箭，想拥有打遍天下无敌手的神奇力量。没能在10岁时拥有致命武器、超人力量，是我能顺利长大成人的幸运；没能发展出相生相克的理性力量时就拥有过于发达的技术，在没有制造出可靠的剑鞘时就拥有锋利的剑刃，是现代人类最大的不幸。"

这一段话我非常欣赏，并一直在思考，"相生相克的理性力量"在哪里？我们现在的教育里有吗？现在还没有，未来要有，一定要有，否则人类会面临灾难，甚至会遭遇灭顶之灾。拥有相生相克的理性力量，只有教育来完成。科学发展如一匹无羁的野马，它会给人类本身带来毁灭性的祸害。人类亟须要有对科学技术发明相克的理性力量。

科学技术发展为人类过去带来在生活上所没有的便利，却绝不一定会为人类带来永远长治久安的幸福。现在世界各地的有识之士，早已知道科学的最后作用，必须与哲学交汇，重新为人类的人文和人生的真谛，作出定论和归结。

一般高唱科学论调的人，其实并不真正懂得科学的内涵精神。

如何把科学教育跟哲学与人文文化汇流，做出一番前无古人的大事业，这是目前教育要思考的。我是学化学专业的化学老师，又在做教育，我一直在呼吁，人类要拥有相生相克的理性力量，哪怕前方是万水千山，哪怕会遇到艰难险阻，也要去拥有。

按照中国文化的太极原理，世间一切事物都有阴阳，或者说，都可以分为阴阳。阴阳相生相克，共存转化。天和地，天是尊贵的，地是谦卑的。天行健，君子自强不息；地势坤，君子厚德载物。

我们的教育，要科学、人文共生长。学习科学要有人文思想，发展科学尤其要有人文情怀。

《世界儿童和平条约》

儿童们都在呼唤和平。1986 年世界各国的儿童代表在美国纽约签订的一项条约，叫《世界儿童和平条约》，核心是呼唤和平。人类要想和平，就要拥有相克于科学的理性力量。

我把儿童们呼吁和平的条约录在此。

> 我们全世界的儿童，向世界宣告：
> 未来的世界，应该和平。
> 我们要一个没有战争和武器的星球，
> 我们要消灭破坏和疾病，
> 我们再也不要仇恨和饥饿，
> 我们再也不要无家可归的事情发生，
> 我们将共享大地给予我们的足够食品，
> 我们将保卫天空中美丽的彩虹。
> 我们将保护我们的生命之源，
> 我们将让河水永远洁净。
> 我们要共同游戏，共同欢笑，
> 互相学习，一起探索，
> 努力提高大家的生活水平。
> 我们为了和平，
> 为现在的和平，永久的和平，大家的和平。
> 让世界上的成年人和我们一起，
> 丢掉恐惧和悲伤，抓住欢笑和幻想，
> 世界就一定和平。

《世界儿童和平条约》表达了世界儿童渴望和平、向往和平的美好愿望，发出了维护、争取世界和平的呼唤。

儿童希望人类未来没有战争。没有战争就要有相生相克的理性力量。人类发展受到了自身智慧的挑战，需要我们古老的中国哲学，如《易经》《道德经》等里的"辨证施治"思想与科学交汇结合，才会有相克于科学的理性力量；更重要的是，还需要新一代科学家的人文情怀，他们对人类伟大的爱，对科学技术发展的正确理解。

"相生相克的理性力量"在哪里？在教育，只有教育能解决，只有教育走在正确的路上才能解决。

儿童科学基础知识

儿童在小学就应知晓一些基本的科学知识和基本定律。如：

几何学的两大宝藏：勾股定理和黄金分割。

化学的两大定律：测不准原理和分子无规则运动。

生物学的进化论。

物理学的阿基米德定律，热力学定律，牛顿运动定律，万有引力定律等。

在小学阶段，老师通过通俗易懂的故事把科学基础知识讲给孩子们，主题是探索大自然的奥秘；儿童是好奇的，要把儿童的好奇引申为对科学的好奇，对科学的极大兴趣，并延伸到中学和大学，乃至未来成为科学家的路上。

"相生相克的理性力量"在哪里？在教育，在基础教育，在儿童开始学习科学知识时就教育他们。

在《三国演义》第八十四回"孔明巧布八阵图"中，讲了黄承彦老先生从"八阵图"迷阵里救出陆逊的故事。黄承彦老先生是孔明的岳父。孔明在入川时，在江边用砂石布了"八阵图"。"八阵图"每时每刻变化无端，可比十万精兵。陆逊营烧七百里，得胜追击刘备，从"死门"入了"八阵图"，迷而不能出。黄承彦老先生说："老夫平生好善，不忍将军陷没于此，故特自'生门'引出也。"

"生门"与"死门"相生相克。科学有了太多的"死门"，需要这一代学生或以后的学生成为科学家，开出"生门"，解决人类发展难题。

儿童玩的石头、剪刀、布，是相生相克的；我们古老文化里的五行，即金、木、水、火、土，也是相生相克的。科学应受启发。

11. 守住自己，生命久远，乃是教育
——说李冰郡"守"

我喜欢都江堰。多次来到都江堰拜水，拜李冰父子。

都江堰是两千多年前的水利工程，它成就了成都平原的富饶，成就了那里父老乡亲的富裕生活，并被沿用至今。

司马迁《史记·河渠考》中记载了李冰创建都江堰的功绩。

李冰任蜀郡守，是公元前251年，从公元前256年开始，李冰率众修都江堰水利工程，创造了一个水利工程的奇迹，人类建设的奇迹。

李冰的奇迹在哪里？都江堰的奇迹在哪里？

到了都江堰，当你静下心来细细观察品味，会发现：李冰作为郡守，手握一把长锸，站在滔滔的江边，完成了一个"守"字的原始造型。那把长锸，千百年来始终与金杖玉玺、铁戟钢锤反复论辩。李冰及其都江堰为自己流泻出一个独特的精神世界。

李冰是郡守，作为地方官，他守什么？他守成都平原要富饶，守成都平原要国泰民安、风调雨顺，老百姓过好日子，富裕平安。他带领老百姓建造的都江堰，守住了成都平原的物华天宝，守住了老百姓的安稳家园，守住了郡守，守住了郡守的责任，守了两千多年，守出一个独特的精神世界，一个历史丰碑。

我常常思考，作为教育人，我守什么？我们守什么？让学生守什么？

"信守"是今天社会上常用的词。我是老师，我"信守"什么？

一是我应信守爱，我深深地爱着孩子们，爱教育，爱着我们祖国的教育，爱着人类的教育。我经常问自己：我爱教育吗？我为什么做教育？我是因为深深地爱着教育而做教育吗？我要回答。我爱孩子们吗？是发自内心深处地爱吗？我也要回答。爱是教育的底色，爱是包容，甚至是容忍。没有包容，甚至容忍，哪会有学生的自由？没有自由，学生会有民主吗？所以，老师要守住爱，教育要守住爱。

二是守住科学。我是化学老师，教了八年化学。化学是科学，我应守住科学。我是化学老师，应是化学的化身。老师在学生前面一站，就是化学，老师的语言等，都彰显化学，老师的人格魅力影响学生喜欢化学，使之走入化学世界，探索化学领域里的问题，甚至终身奉献于化学科学事业。化学家也许就在老师的影响下诞生了。

三是守住我的班级学生。在我的老师生涯中，有幸做了八年班主任。班主任是中国教育的特殊现象。班主任是学生一生的寄托。班主任守什么？守学生的人生底线。我的学生几年后，几十年后不会是坏人，不会触犯法律。一次我开家长会，家长有在公检法系统工作的。家长问我：你管理班级的目标是什么？我说：第一是让警察下岗，不让班级有一名学生未来不好，不做坏人；第二才是向高远发展。

新中国成立初期，有记者问周恩来总理：您何以当了共和国第一任总理？周总理说：感谢我的母校南开中学和老师们。南开中学的教育影响了周恩来，那是伟大的影响，举手投足的影响，久远的影响。

四是守住校长的责任。我做过 20 年校长。校长守什么？校长要守住学校大门，让大门进善，不进恶。校长要守住自己的校园，校园是学生生命生长的摇篮。校园不是考试的考场，学生不是考试的机器。

最后守住自己。在"一片白云横谷口，几多归鸟尽迷途"时，我，我们如何守住自己，守住教育，守住孩子们？校长守住做人的底线，这种说法有些浅显，或是太浅薄了。校长守住自己读书的愿望，当要构建读书型社会时，当要构建读书型学校时，当号召公民读书时，我恰恰觉得悲哀得很。若我们每位校长都有读书的好习惯，都酷爱读书，我们影响老师们读书，影响学生读书，校长任职的学校有读书的校风，何以有后来的构建读书型社会的呼唤？校长应守住对教育的探索，思考教育的问题在哪里，真的教育在哪里，思考与实践教育与民族伟大复兴的链接。

若我们每位初中校长（公办或民办）在招生时，不看奥数等各种学习班证书，孩子们就不会丢掉应该玩儿的童年，而每天奔波在学习班的路上。

我在北京海淀做校长时，一位小学毕业生家长请我帮忙推荐一所初中学校。孩子爸爸给我看孩子在小学期间的证书，粗粗数来有30多个。是谁把儿童幸福的童年、金色的童年统统掩埋在这堆无价值的证书里？若校长们请孩子来学校上学，不看证书，何以有此累？

很巧的是，正在写此篇文章时，有位妈妈家长约我帮助她解决家教问题。这对我来说是常事。4月末的一个周日下午，在一家咖啡厅里，妈妈一边同我说一边哭。她五年级的儿子说："期中考试我没有考好，排名我在后面，老师把爸爸找来，爸爸当着老师的面把我打了。"孩子继续说："我当时都想跳楼。"

妈妈说："老师经常在家长微信圈里批评我的孩子，把我也带上。"妈妈说："孩子已经不想上学了，包老师，我该怎么办？"

我有些无语，真的无语。这位五年级孩子的老师是一位老师吗？我们的老师们为了分数何以到如此地步？为什么一定要期中考试？为什么一定要用分数排名？为什么在家长微信圈里点名批评学生，甚至带上家长？

我大声呼唤，老师们爱学生吧，尊重生命吧，不要再排分数大榜羞辱孩子们了。

我们应学习两千多年前的李冰，为老百姓守住一方热土，我们教育工作者应守住教育，守住生命，守住儿童的尊严。

　　而我们有责任的教育工作者，或高喊为教育为孩子负责的教育专家们，请守住自己，守住教育。守住自己，我们的生命和儿童的生命方久远，此乃教育。

12. 教育是美，是艺术
——建设一个美的校园

教育是美，是艺术

教育是美，是艺术。

《论语》中有："志于道，据于德，依于仁，游于艺"，"兴于诗，立于礼，成于乐"。李泽厚先生把"志于道，据于德，依于仁，游于艺"说成"这大概是孔子教学总纲"，并把"游于艺"和"成于乐"说成是"人格的完善"。诗书礼乐，夫子所谓艺也。学习似涵泳从容漫步于诗书礼乐之间。

人格，是生命的总和，代表人整个生活的总体。决定人的人格的因素有生理的基础、地理环境、时代背景和自己的教养与生活。对人格决定性的因素在于时代背景和自己的教养与生活。人是社会的生物，社会的影响和干涉的力量最大。社会的影响是最直接的力量，也是人难以抵抗的。社会可以给人发展机会，也会窒息每个人。

"兴于诗，立于礼，成于乐"是对儒家教育思想的概括，是儒家审美教育思想。

音乐，是艺术，是特殊的艺术。音乐既抽象，又深刻而细腻，能准确地反映人的情感，"浸润心灵"或"改进德行"。音乐教育以其丰富的哲理性和引导性的教学内容和形式，为教育里程铭刻着重要的丰碑。音乐教育没有空泛的言谈，没有抽象呆板的说教，更没有生搬硬套的约束，这恰恰是音乐的魅力所在。

现行的学科教育存在单一性和教条性等诸多自身难以调整的缺点，可以借助音乐教育进行综合调整。

上述是《论语》中呈现的美和艺术的论述。读《论语》读出的最高境界就是艺术。中国文化归于艺术。教育理应归于艺术。

《论语》有中庸之美，是思想美；有乐学之美，是学习美。《论语》的核心是"人性向善"之美。

《庄子·逍遥游》开篇言："北冥有鱼，其名为鲲。鲲之大，不知其几千里也。化而为鸟，其名为鹏。鹏之背，不知其几千里也，怒而飞，其翼若垂天之云。是为鸟，海运则将徙于南冥。南冥者，天池也。"

庄子多么逍遥，境界高远，希望自由。庄子是大美。

"自信人生二百年，会当击水三千里。"这是人生的大美境界。

《红楼梦》里的大观园是建筑美。我不主张我们的学校建筑模仿西洋式建筑，搞什么欧陆风情建筑；我主张我们学校的建筑是中国人沉淀下来的居住方式——"中国建筑"。老北京的四合院，南方的灰白相间的徽派建筑，那种冬暖夏凉的建筑，充满了古典中国的神韵、哲思，那是中国气质。

我欣赏两处房地产开发商的建筑探索，一是深圳第五园，二是郑州美景菩提，设计师们在寻找中国式建筑的精魂，并将之落实在自己的建筑上。

小学五年级语文中有一篇课文写非洲的美。非洲的艺术是彩色的。非洲人的绘画——无论是木雕挂画、沙画，还是龟壳画、蝴蝶画，都是彩色的；非洲人的工艺品，无论是黑木雕、灰木雕，还是象牙雕，都是彩色的；非洲人强悍、粗犷的音乐、舞蹈，更是彩色的。如果你有幸参加他们的篝火晚会，看到熊熊燃烧的火焰旁身穿花衣裙欢跳的人群，不，那是流动的、五彩的旋律，你就会更深地领略非洲彩色的美。

作者把非洲美展现给了小学生。有人美，音乐美，画美，雕塑美——非洲彩色的涌动和无限的活力。

不同国家，不同民族，有自己独一无二的美。中国教育应找回自己失落的精神：美与艺术。

校园应有如此美

校园建筑于一开一谢、一动一静之中，体现"静"和"稳"的"禅"意灵感，去掉浮躁的乱象，是久远，是尚美，此校园的学生的内心动力会恒久。

若一所学校是一个"自然村落"的大意境，有院，有巷，有桥，有水，有树，有草，有墨香沁人心脾的书，有"留白"，也有些许"潜秩序的杂乱"，这样便有休憩，便有遐想，便有顿悟。这便是"天""地""人"，"真""善""美"，"诗""礼""乐"等在学校的完美落地，完美呈现。这是"孟母三迁"的千年选择，是孙悟空五百年的等待，是钱学森几十年的呼唤。

《西游记》就是一幅宏大宽广的山水美画卷；《水浒传》里有义气美，爽朗美；《三国演义》有智慧美，英雄气概美。

名著把中国美舒展得淋漓尽致，在人，在物，在所有……

甲骨文里第一次出现"美"字。

"美"字由"大"和"羊"组成，"大""羊"为"美"。"羊"字下边是三横一竖，三横中下面的"一"，是大地，上面的"一"是苍天，中间的"一"是万物，人是万物之灵，所以中间的"一"是人。用"丨"把"三"连起来，就是"丰"，其意是人要遵天道，遵地道，天人合一，就会风调雨顺，就会丰收。"羊"字上面的两个点是武器，羊有武器而不伤人。这是管理学之道理，校长不应用权力管理学校，而应以人格魅力、文化愿景引领学校。

中国人喜欢羊，所以把许多美好的字都给了羊。如，"大""羊"为"美"，"示""羊"为"祥"，"木""羊"为"样"，"我""羊"为"义（義）"，"君""羊"为"群"，"一""口"说两"羊"为"善"等。

下面这几个字，在中国人的哲学里，意义绝非一般。"'义'（繁体为'義'）中之'羊'象征崇高，'善'中之'羊'象征道德、规律、公平、孝道，'美'中之'羊'代表美；'样'中之'羊'象征楷模，'祥'中之'羊'象征吉祥。"

美，是一种人的力量。美，在争取生命的品质和等级。美是文化的最高价值。

美，需要静心。伟大的艺术——音乐、诗歌、舞蹈、绘画和雕塑都来自静心。或许听了一首歌，能触发人去探根寻源的渴望。

蔡元培是中国提出美育的第一人，他曾经想用美育来代替宗教，他"以美育代宗教说"闻名于世。蔡元培曾有"欲谋全国艺术之普及"之宏愿。

中华文化从商朝的美，发展到春秋时期的智慧；恰恰是商朝的大美，蕴育了春秋的智慧。

欧洲文艺复兴那么伟大，只有几位画家和雕塑家呈现了人体美，并没有什么学术论文发表。文艺复兴，拉动了欧美工业革命。

美是自然，自然是美。没有什么比自然更坦白、更真诚的美。

美不需要有一个精确的感念。这世间有些事物你是无法为它画出一张精确的画像的，一旦真的变成精确后，本来美的那一点似乎瞬间模糊了，不见了。

教育，有许多人为其下定义，斩钉截铁地定义一下，它最本质的一种特质也就没有了。有多少教师，多少教育专家设计"三步教学法""五步教学法"，为课堂设计精确的过程，这时教育的最本质的特质就没有了，操作的老师的灵魂也没有了，并影响着学生，使他们也没有灵魂了。

如果教育按照它自身的规律去生长，去成熟，这世间会有多少儿童收获安静和美丽，以及自然生长出来的智慧。

《长江万里图》之美，几乎包含了长江从发源到入海的全貌。展卷便是长江发源于万山之中，以巨大的冲击力量涌出了山谷。一条白练般的洪流，从岩石间漫溢而过，猛然撞碎在乱石垒堆之间，溅扑激瀑，表现了一泻千里、气势雄壮之伟大河流不平凡的开端。

儿童在大自然中的生长，少年学子在实验室挑战一项科学实验，胸中的思绪同万里长江一样波澜壮阔，一样气势恢宏。若老师们约束学生整齐划一地坐，整齐划一地写，怎么会有伟大的科学家诞生？

英国有个地方叫湖区，是静而美的地方。我去湖区是英国的四月天，那天下着小雨，为感知增加了美感。湖区诞生了《简·爱》和莎士比亚许多经典的作品，我在毛毛细雨中，整整享受了一天，欣赏了一天，感知了一天，悟出了其中的道理——美。

北京海淀区六一中学校园里有个四合院，叫"三近"，我称之为小院。小院呈现老北京和江南徽派建筑之美。小院是最吸引学生和老师的地方。在"三近"小院，我多次接待欧美教育界的朋友们，我给他们讲中国文化。

郑州艾瑞德国际学校，校园有八大文化景观。第一是梧桐引凤凰的"丹山路"；第二是"启蒙博学"校训石；第三是"善者囿之"水井；第四是"自然生长"寓意景观；第五是"圣人论道"石书；第六是"大鱼带小鱼"故事；第七是"12生肖"雕塑；第八是"8的奥秘"写生。八大文化景观，一路讲下来，带你走入了中国文化，走入了美好的自然生长教育。

深圳龙岗区外国语学校，从大门进入校园，映入眼帘的是"美好广场"。广场上面有"方圆"天井。那是中国文化的方圆美。

15世纪是欧洲积极探险以及画家、雕塑家和建筑师创新的时代。艺术家在审美理论和实践中作出开创性努力，标志着整个欧洲艺术风格和艺术进程的转折。

文艺复兴时期艺术的繁荣是知识复兴的顶峰。柏拉图关于现实本质的思辨和亚里士多德科学探索自然的实例是灵感的源泉——那是由美到智慧。

他们对作为理解世界关键的数学计算极为重视，还有重要的透视法的发现，这是美。

在文艺复兴时期的艺术家们看来，美来自比例的和谐。他们认为任何一个物体，无论是天然的还是人造的，例如大楼、花、人体的审美情趣都可归结为物体各部分的完美对称。许多理论家试图建立一种适用于所有创造活动的普通公式——美。

说如此多的美，是要阐述美在学校的表达，在学校的呈现；学校是育美的地方，美育儿童。美育儿童，儿童才会美。

教育应是美的。校园应呈现美，传递美；课程应是美的，美在内容，美在形式。学校的音乐和美术课在美的表达上，是直接的。学校不应把音乐和美术课视为副科，不要因为临近考试就随意停课。

学校应给学生以美，美在安静，美在广大，美在高远，美在自由，美在自然。

我喜欢校园干净、素雅、布置简洁，楼上没有大红字，学生身心安静。

附:

音乐教育对人格的影响

音乐是美。音乐教育，对学生人格的影响可以说是从幼儿园到大学贯穿始终的，学生无一不在其中受其熏陶、影响。

一、学科对人格的影响

我以为，人格就是性格，而性格则是指一个人一定不变的特有品质。这种特有品质内在表现为心理特征，外在表现为行为习惯。心理特征支配、指导着行为，而行为表现着心理特征。与人格有关的心理特征主要包括动机、情绪、态度、价值观、自我观念等。这些心理特征又叫人格特质。

过去，有一种片面的认识，认为学生人格形成主要与思想政治教育学科、德育学科有关，与其他学科无关，至少关系不大。正是在这种片面观点的影响下，其他学科的教师不重视本学科对学生人格形成的影响，更不重视在本学科中自觉地培养学生健康人格，结果除思想品德、思想政治学科以外的其他学科在对学生人格形成中没有起到应有的作用，失去了很多对学生进行思想教育的机会。

事实上，学生从幼儿园到大学都在经历长身体、长知识、人格形成的漫长过程，而人格形成本身是一个漫长而又复杂的过程，是一个系统工程。这个时期，他们大多数时间都在学校中度过，而在学校的大多数时间都在上课和学习。因而各门学科的教学对少年儿童人格形成必然产生积极和深远的影响。有人认为，各个学科教学中对人格形成影响最大、最直接的是思想品德教育课、心理健康教育课。其实，音乐的影响尤为重要，它本身就有很多人文因素。因此，无论对哪一个阶段的学生来说，都显得十分重要。所以我将在下面专门分析这门课在人格形成中的作用及其教师如何自觉认识这个作用，并用于自己的教学实践，以便在教学中加强对学生健康人格的培养。

二、音乐教育对学生健康人格的作用

音乐学科教学与健康人格的培养有些什么关系呢？这是我们应当从理论上搞清楚的问题，只有把这些基本问题从理论上搞清楚了，才能进一步在教学实践中自觉培养学生健康的人格。所谓音乐学科教学是指以培养理解和运用本民族、本国和外国音乐知识、乐曲等内容为中介的师生双方教与学相统一的活动。音乐教学的主要任务是培养学生听、唱，甚至跳、弹等的能力，并通过音乐教学的内容进行品德教育、审美教育以及思维的训练。

何谓健康人格呢？对健康人格的理解可以说仁者见仁，智者见智。

健康人格的标准应是完满的智慧人格、道德人格和审美人格的内在统一。

那么，音乐教学对学生健康人格的培养具有哪些作用呢？

一是直接作用。所谓直接作用，就是指音乐教学活动能直接培养学生健康的人格。这个直接作用是指在音乐教学中，不管老师是自觉的或不自觉的，都能够直接培养健康人格的某些特质。在音乐教学内容里，有歌颂祖国、热爱党、热爱人民的，有可歌可泣的英雄人物事迹，有是与非、对与错、美与丑、善与恶的判断标准，有做人的准则。教师通过音乐教学，可以直接培养学生的审美情趣、审美意识，使审美人格得到充分发展。音乐可以直接培养学生求善，形成完美人格的道德特性；还可以直接培养学生的责任感、荣誉感、进取性、自觉性、自制性、独立性、知识性等品质。同时，教师在音乐教学中，运用语言的感召力、榜样的示范力、音乐的感染力等直接为培养学生健康人格作出贡献。

二是间接作用。间接作用就是指音乐学科教学活动能间接地培养学生健康的人格。这个间接作用通过师生双方教与学的活动，有意或无意地培养学生的某些能促进健康人格形成的因素。这些因素不是直接表现健康人格的内涵，而是健康人格因素形成的必备条件。所以我们把这些因素所起的作用称为间接作用。比如，教师通过音乐教学，有意或无意地培养学生的认识能力、认知方式、认知结构、理解力、判断力、自我教育能力，通过音乐教学激发学生的学习积极性、自觉性。这些能力和属性虽然不属于健康人格所包含的因素，但正是这些因素直接影响着个体人格因素的形成，是个体健康人格形成的必备的内在条件。

三是综合系统作用。健康人格的形成是一个系统工程。教师通过音乐以及其他学科的教学活动，一方面，各自从自己的学科出发，培养学生的健康人格，也就是说，各个学科抓住本学科的特点有侧重地培养学生的健康人格；另一方面，由于学科的交叉、知识的交叉、教学方式的交叉，又必然导致学科教学活动在影响健康人格形成的过程中，起着一种系统的综合作用。正是这种综合作用的合力才给予学科教学活动在健康人格形成中以积极的意义。音乐学科教学最终的积极意义就在于此。

三、音乐学科教学中健康人格的培养

我们知道教学是师生教和学的双边活动。教师对学生的培养从整体来说是全方位、多角度、综合而又系统的，但主要是两方面：一是知识，二是能力。能力通过知识的积累而提高，知识通过能力的提高而积聚，最后达到知识与能力的统一。同样教师在教学中对学生健康人格的培养也应从知识和能力两个方面入手。值得注意的是，从教育心理学的角度来看，教学进程的客观依据是教育对象的认知结构，如果不考虑学生的认知结构而随意教学，就必然导致事倍功半。

那么如何在音乐教学中自觉地培养学生健康的人格呢？

一是教师自觉学习教学心理学的理论，并自觉地把这一理论运用到学科教学的实践中，在学科教学实践中形成培养健康人格的自觉意识。

二是教师在自觉意识的指导下，利用教学内容培养学生健康的人格。也就是说，音乐教师自觉地把乐曲中有利于培养健康人格的内容利用起来，要寓思想品德教育于学科教学之中。针对学生的年龄特点，通过多种教学手段，对学生潜移默化地进行教育。

三是音乐教师还应该自觉培养学生的自我塑造能力。人有一个最完善的自我调节系统，一切外来的影响都要通过自我调节而发生作用。因此，从某种意义上讲，每个人都在进行人格的自我塑造，只有当个体的自我塑造能力提高了，健康的人格才能真正形成。因此，在音乐教学中，教师首先要给学生树立一个良好的形象，使之成为学生用以仿效和认识的榜样。其次，教会学生了解自己、学会分析自己的方法，如采取"照镜子"的方法，对照自己与乐曲中、与教师讲解中真善美标准的差距，进行自我剖析和总结。第三，帮助学生选择认同对象。对于学生来讲，乐曲中品德高尚、人格健康、功绩卓著的革命家、艺术家应该是他们的认同对象。这种认同对象会对他们产生巨大的激励作用，帮助他们克服成长道路上的困难，从而形成健康的人格。因此，教师应充分利用乐曲中的这些信息，对学生进行教育。如帮助学生拟定自我教育计划，开展"我和英模相比，应该做些什么？"等活动。第四，在教学中帮助学生提高自我认识的水平，培养正确的自我态度和自我激励能力，发展自我控制机制和自我调节能力。

总之，音乐作为学校教育的一门重要学科，教师应自觉地在学科教学中，在知识的传授中，在能力的培养中，培养学生健康的人格，实现知识传授、能力培养和健康人格形成的统一。

（本文作者包鹏志，是哈尔滨第一一三中学的音乐老师。他在音乐教学中，探索音乐对学生人格形成的影响，注意观察、积累、总结，有自己独到的见解。）

我们要构建怎样的校园

校园应是文化的载体，是课程的载体，是生命的载体。校园是学生生命的乐园，是让生命充盈着灵气、智慧、活力、激情和探险的地方。校园是学生语言、动作、思考、情感、态度培养和塑造的最重要的地方。校园是人与人感情交流的精神家园。这些在现在的一些校园还难以实现，因此，需要重构校园。

校园需要重构

我们多年的校园形成，有农业社会背景，有工业文明背景下形成的规范化式样的。城镇校园里多数是教学楼、实验楼（或科技楼）、行政楼、图书馆等。楼型多为一字形。楼里排列着一个个几乎整齐划一的房间是教室。教室的学生课桌面向黑板。老师面向学生讲课。实验室几十年没有变化，物理、化学、生物等学科反复做着验证性实验。借书到图书馆、看书到阅览室是天经地义，没人质疑。教学区、运动区、生活区，清晰划分。校园越来越大。现在的校园基本上是传统教学模式的产物，是典型农业文明的痕迹，典型工业经济模式下的产物，有悖于网络时代的现代教育，有悖于知识社会的时代特征，不利于在人与人交流过程中成长的学生的交流、学习、生活、生长。

校园应有利于学生的生活世界，有利于学生的生命价值，有利于学生的生存方式，有利于学生的心理世界，有利于学生群体的独特文化，有利于学生的生活状态。校园以人与人的情感交流实现上述的"有利于"，以物的为人方便使用实现"有利于"，以让学生享受更多的教育资源实现"有利于"。要实现这些目标，则必须对传统校园进行重构。

重构的校园是学生生活、生长的地方，是教师终身学习、工作的地方。所以突出学习环境，人与人交流的人文环境，让教师、学生向往，终生难忘，流连忘返。

我们应构建思想校园，精神家园，数字校园，人文校园，让校园有书卷气，有区域性。

建设知识校园

教育是神圣而崇高的。教育的伟大使命是让人们从无知走向睿智，从幼稚走向成熟。我们教育人追求教育理想与民族理想的和谐统一；追求人的自身发展和社会需求的和谐统一。教育的理想是为了一切的人——无论是城市的还是乡村的，富贵的还是贫贱的，聪慧的还是笨拙的；无论是品德的还是人格的，生理的还是心理的，智力的还是情感的。

欧洲文艺复兴以后，夸美纽斯认为教育不能使学生厌恶学习，而使学生"能被一种不可抵抗的吸引力诱导着去学习"。知识的获得在于求知的志愿。19世纪末，卢梭提出教育要尊重学生的个性与自由，让学生在教育中得到进步和快乐。斯宾塞主张，教学效果是与学生学习时所得到的满足和乐趣成正比的。教育者应把教育教学过程中学生情绪是否高涨、愉快当作评价教育教学活动的重要标准。马卡连柯主张对儿童"尊重与要求相结合"，对儿童进行"前景教育"，让儿童获得"明日的快乐"，"从简单的原始满足一直到最高的责任感之中得到快乐"。

校园是读书的地方，应是学生、教师幸福生活的地方；校园是承传文化、发展文化的地方；校园是精神家园，是人与人感情交流的地方；校园是孩子们生命价值提升的地方；校园是和谐的统一体，人与人的和谐，人与自然的和谐；校园应培养孩子们良好的习惯，让习惯形成品质，让习惯提升智慧。

校园置身于现代社会。现代化是数字化、市场经济、民主政治、公民社会、个体权利充分发挥的过程，学校应有这种价值。

建设人文校园

书卷气的校园，有文化品位，有厚重的文化底蕴。书卷气的校园会方便学生学习、教师工作，为学生的发展提供时空。我们多么希望校园有自然气息。设想一个满是自然气息的校园，一定是百花争艳，运动场绿草如茵，甬路旁树木葱郁，亭台水榭交相辉映，小桥流水鱼翔鸟语。生活在这样的校园里的师生一定会身心健康，人际关系也会和谐。中国人喜欢饮茶，"茶"字上有草，下有木，人就在其中，这是否意味着人就融在大自然之中？

校园楼宇在建筑风格上应通透、简洁、明快、适用，应简朴大气，便于人与人的交流。

图书馆提供给师生大量的书籍资料和广阔的知识背景。假若图书馆不在固定地方，学生、教师可以随时随地能拿到书，可实现师生与图书零距离。与书零距离，便于学生学习，勤于动手收集处理信息，师生阅读可以随时发生，如此便利读书的校园一定为所有师生所向往。电子图书在校园里多处可见，学生有自主选择阅读的自由，并能很方便地接触电子图书，随处触摸阅览。

校园里的文化长廊，有唐诗、宋词，有名家名篇，让你走近文化，走进历史。

科技馆里有科技发展史，科学家介绍，前沿科技成果，重大科学成果说明等等。自然科学、社会科学、心理学等知识让学生开阔视野。人类社会的发展从农业文明走向工业文明，又进入知识经济时代的足迹呈现给学生，使其受到启迪。

地质宫里的地图、地球仪、地壳、地幔、地球切面，海洋，大气图，气流，瀑布，并点缀有飞禽、走兽等，会让学生不仅领略知识，还会深深热爱这个地球。

天文馆里的星云图，天文望远镜，人造卫星模型，航天展等，让学生产生无限遐想。

艺术馆里琴、棋、书、画等，令学生陶醉，进而爱好。

中国文化教育馆。我们中华民族悠久的历史，蕴涵了灿烂的文化，博大精深。中国文化不仅有古琴、书法、武术、建筑等艺术文化还有儒家精神、道家思想、"辨证施治"的思维方式等思想文化。文化的载体是人，中国文化体现对人的包容和关怀；体现退一步海阔天空，不要把事做绝；体现把人看作全息的和谐的系统。中国文化不仅影响着世代中国人，也在积极影响着世界，特别是现在。中国文化我们要弘扬、承传，更要宣传，面向世界。中国文化馆里的中国文化一定会对我们的师生产生积极的影响。

还可以有生态室，体现生态圈、环保意识。有经济馆，人文馆，收集室——学生收藏天文、地理、经济、政治、环保等方面的资料，以不同方式呈现，保存于馆内等等。

传统意义上的教室实际上是学生学习的地方，应该叫"学室"更佳。学室里有多媒体，有图书墙。学生围着椭圆形桌子而座，打破教师同学生面对面的形式，更有利于师生平等交流。也可有综合学室、多功能学室，体现多用途。

实验室的格局应变化，实验设备不再是演示设备，要营造有利于学生学习探索的条件和氛围。

建设多区域校园

学校教育是通过人与人交流来实现的，所以校园适宜小而精或区域性布局。

校园设计首先考虑便于人与人交流，然后是成本效益和实用效益。校园建设不走大而全之路，小而精更适宜。学校若人多，则可以实施区域性布局。

考虑建多功能楼，多功能厅，多功能室。如餐厅、阅览室兼用。

成本考虑——让楼、厅、室、设备设施利用率最大化。如用几百万元建有塑胶跑道的运动场大可不必。几百万元在学校能办多少事？买图书、计算机、多媒体，做知识展墙，进行校园的绿化美化等。

校园，一是能充分体现课程内容的呈现方式，体现学生的学习方式。让学习时空变革，围绕学生自主学习、自主探索而呈现。校园体现教师的教研方式、教学方式，体现师生互动方式，实现学生与书零距离，与电脑零距离，与实验零距离，与知识零距离。二是便于人与人的交流，即师生的交流。一个拥有3000名学生或2500名学生的中学，有的学生在校读三年书，除大会听校长讲话外，根本没同校长单独交流过，没有近距离体会过校长的人文关怀。办几千人规模的中学，难以实现真正意义上的教育。

哈佛大学原校长鲁丁斯认为教育不仅仅是传授知识，教育本质上是人文过程，是要人与人实际交流的。三年，一位校长能记住多少学生，能熟悉多少学生？可能也就500或800。三年，校长能直接与学生面对面交流，直接对学生进行人文关怀，有几人获得？也许是500或800，我想中学规模是否就确定在500或800学生？在我国目前如此小的中学规模，可能不现实。那么，按学生学习方便，人与人交流方便，把学校分成若干个教学区域。每个区域学生不能太多，500至800人为宜。若是2000名学生的中学，则分成三个教学区域。较小的群体和相对较小的环境便于师生交流协作。改变过去教学楼、实验楼、科技楼、图书馆不方便学生学习，不利于人与人交流的分法。一个教学区域是相对独立的"小学校"，兼有教学、实验、阅览、运动、就餐、住宿等。如，一所高中有45个教学班，若分成三个区域，则每个区域高一、高二、高三都有。

新高中学校发展不应超过1000人或1500人。这样一来，校内课程资源可获得充分利用，师生合作、对话、探究的新课程文化会得以实现。学生的亲身体验、研究性学习的实现会变成现实，真正意义上的人文关怀会实现。

建设数字化校园

我们生活在网络之中，网络在我们生活之中。社会在数字化，生活在数字化，校园应该也必须率先数字化。

一支粉笔、一本书、一块黑板即能教学的时代已经结束。教师上课满堂灌、一言堂的时代已经结束。取而代之的是说课教学与媒体教学的结合，实验教学与媒体教学的结合，书中索取知识与网上索取知识的结合，图书阅读与电子阅读相结合；室内学习与走向社会探索学习相结合。

减负，是多年的老话题。怎么减，高考改革，当然要；降低知识难度，减少知识量，也要。我想更重要的是教学数字化，只有数字化，才能集约化。

庄子在几千年前就曾说，"吾生也有涯，而知也无涯"。毛泽东在上世纪 30 年代谈到教学改革时提出"为事无域，人生有程"。这些都可视为"减负"的缘由。解决"减负"的办法是知识的集约化，即实现教学的数字化。

数字化，是实现教学现代化的手段。现代化教学手段是提高学习效率、减轻学习负担的有效途径。数字化更重要之处在于满足学生自身发展需要，培养学生适应社会的能力，形成创新精神和实践能力；开展研究性学习，增强学生获取信息和处理信息的能力。

新一轮课程改革，构建了重基础、多样化、有层次、综合性的课程结构，新增"综合实践活动"和"研究性学习"。这是学生学习方式的革命，为学生发展个性、走向自立提供一个良好的平台。

遵循学生自然生长的学校才是最好的学校，也是有生命力的学校。重构校园，就是学校为学生发展创造环境，创造愉快合作的学习环境、友爱融洽的人际环境、多彩自主的生活环境和优秀文明的校园环境。教师做到课堂妙趣横生，笔下文采飞扬，嘴里妙语连珠，鼠标点击七彩人生。

在这样的校园里学习、生活，学生、教师身上会体现科学素养与人文精神、全面发展与个性特长、国际视野与民族旗帜、现代精神与中国文化。

（包祥，发表在《中国教育报》2005 年 11 月 8 日。）

13．我的理想教育观

"学校啊，当我把我的孩子交给你，你保证给他怎样的教育？今天清晨，我交给你一个欢欣诚实又颖悟的小男孩，多年以后，你将还我一个怎样的青年？"

读到作家妈妈张晓风的这句话，或叫作呼唤，作为教育工作者，我为之震撼，我似乎能看到她充满疑虑而又期望的眼神，分明是在追问我们：你们将"饮之以琼浆，灌之以醍醐，还是哺之以糟粕？"这一呼唤，引我多年思考教育，探索教育，实践教育。

我曾先后在黑龙江、青岛、昆明、北京等地任公办、民办学校校长长达 20 年之久，并出访欧美、日本，访问过英国著名的伊顿公学、罗婷女中，美国著名的 US 男校和 HB 女校，日本的山田高中等 200 多所外国私立学校。对于什么是理想教育、理想学校，我一直在思考、探索和实践着。

学校为什么要收那么多学生

在谈理想的教育和学校之前，应该首先对学校诞生的文化背景作个回忆和梗概式的分析。

学校的诞生，有漫长的农业社会背景下形成的农业文明的元素，有近些年工业文明形成的规范化式样的模式。无论是城里的还是乡镇的学校，几乎都是教学楼、实验楼（或科技楼）、行政楼、图书馆等。楼型多为一字形。楼里排列着一个个几乎整齐划一的房间是教室。教室里学生的课桌面向黑板。老师面向学生讲课。实验室几十年没有变化，物理、化学、生物等课堂上反复做着验证性实验。借书到图书馆、看书到阅览室天经地义，没人质疑。教学区、运动区、生活区，清晰划分。校园越来越大，更可怕的是一所中学竟然有5000多名学生，还有的达到了近万名学生，有3000名学生的小学不在少数。

哈佛大学原校长鲁丁斯认为教育不仅仅是传授知识，教育本质上是人文过程，是要人与人实际交流的。初中或高中三年，一位校长能记住多少学生，能熟悉多少学生？ 500或800。三年，能直接与校长面对面交流，感受校长人文关怀的学生有多少？ 500或800。所以，理想教育的中小学校规模不宜太大。

学校的人数、规模，其实和地域人口的多少没有关系。

现在的学校基本上是传统教学模式的产物，有着典型农业文明的痕迹，兼有工业经济模式的元素，有悖于数字时代的现代教育，有悖于知识社会的时代特征，更不利于人与人的情感交流，不利于学生的生命生长。

教育遵循"自然律"

有社会责任、理想信仰和探索精神的文化氛围是创新人才成长的土壤。古代中国以有德有学的儒者文官入仕途，欧洲近现代化形成了以技术发明而成为企业家的知识产权体制。

近些年在基础教育领域，人们探索教育改革之路，诞生了许多教育模式、教学方法和学校管理制度，为寻求正确的教育前行之路作着不懈的探索。细细品来，其中总有慌不择路的浮躁，或是完全照搬西洋人的复制，或是一些不伦不类的所谓"特色"。

学校教育的核心应是遵循生命的"自然律"。"自然律"是宇宙的大律。自然即宇宙，宇宙即自然。宇宙乃至万物皆为自然力所驱使，这是"自然律"。生命的"自然律"，是生命进行的规律，人的生长规律。博古观今，人类之所以成为人类，是遵循着大自然的规律，观天道，以立人道。"天道"代表宇宙大自然的规律，"人道"就是人的世界如何生存的道理，生命生长的道理。

《易经》中说："观乎天文，以察时变；观乎人文，以化成天下。"道法自然，凡是合乎自然的一定是对的。对宇宙自然我们永远只有敬畏，对生命我们永远只有敬畏。

童年是属于大自然的

遵循"自然律"，就要读懂自然，读懂生命；遵循"自然律"，就不要速成，不能速成。

每个教育者都应该反问自己这样一个基础的教育问题：我们是否丢掉了孩子们的童年，扼杀了孩子们的快乐？是否拔苗助长，违背了生命的生长规律，违背了学生的认知规律？是否因为"不能输在起跑线上"就过早地灌输知识和技能，忽略传递爱，忽略孩子的发现欲等？

教育应是自然的，而不是人为的，不能按大人的主观意志左右孩子，而是遵循客观规律。

童年是属于大自然的，放孩子回归大自然吧！世界上再没有比大自然更好的教师了，它能给孩子无穷的力量，给孩子无穷无尽的知识。

学校遵循自然规律，把爱传递给孩子，让孩子留住爱，保护孩子的"发现欲"，帮孩子养成一生受益的好习惯，让生命自然前行，经历春夏秋冬，我们所需要或希望的有社会责任、理想信仰和探索精神的人才一定会出现。

校长应是读书人

理想学校要有理想校长。校长是学校发展的引领者，对于学校发展起着至关重要的作用。学校是航船，校长无疑是舵手。校长每天都在处理事情，有小事，有大事，有阶段性的事情。校长们视轻重缓急，视远近左右，对每件事都要把握好度。什么时候扬，什么时候抑，都要审时度势；什么时候考虑公平，什么时候考虑效率，都要有法可依。校长的风格气质，一言一行，都在影响着学校，影响着师生。校长高尚的情操，丰厚的文化底蕴，执著的工作态度，娴熟的工作方法，校长对教师的宽容，与同事的合作，无不影响着学校。

理想校长应是读书人，读书会使人积气，积势，积厚重。读书是校长们的力量所在。读书之后会晓得，书是呵护心灵的绿地，书是建设精神的家园，书是灵魂的出口，书是心智的飞扬，书是精神的提升。读书之后会发现，书中自有花似锦，书中自有草如碧，书中自有春如画，书中自有秋飞雁。

校长还要带领老师们勤于读书、乐于学习、善于思考，养成广博而扎实的学术涵养，深入研究教育规律，努力形成自己的教育理论体系。只有校长和老师是读书人，才能引领学生读书，学校才会真正成为读书的地方。

善者因之

理想校长应善管理，即愿景管理，这是使学校长久发展的根本所在。古人司马迁提出的"善者因之"是中国文化背景下管理的理想境界。"善者因之"是用愿景，即组织的发展方向、价值取向、文化、管理，包括组织形成的优良传统等，把有共同教育理想的人集聚到一起，做理想的教育。

愿景是组织中令人深受感召的力量，开始时可能只是一个想法、一个创意，然而一旦发展并获得一个群体的认同和支持时，就不是一个抽象的东西，是具体存在并且可以实现的。

愿景必须是每个成员发自内心的意愿，并只有变成全体组织成员的共同信仰和共同追求，才能产生伟大的力量。建立共同愿景也不是一蹴而就的工程，它的建立和完善需要细致的工作和漫长的过程。愿景解决的问题是我们要创造什么，它往往是一种相对宏观和抽象的概念，又需要长期的奋斗才能接近或实现的目标。而使命解决的关键问题是如何创造和实现。使命对于愿景来说格外重要，没有使命支持的愿景往往会成为水中月、镜中花。

学习的最佳状态

"学而时习之"本来就应是"不亦说乎"的。理想教育是在自然中播下爱的火种，吟唱真理的篇章。我们秉持读书应当是乐事，而不是苦事；求学不应当总是补课和应考，不应仅仅是为了得一技之长学谋生之术，求建设本领，而是让每个孩子在这里像叶子一样舒展，像小树一样自然生长，让孩子们留下金色的童年。

对学生，请不要只给他们答案，请教给他们热情，教给他们发现，请启发他们去质疑，请教他们尊重生命，请让他们学会交流、分享和对话，请同他们一起探索，请教他们去观察、触摸那些难以名状的东西，请让他们认识世界，请让他们的理解远远超越表象，请教他们投入一次更热烈的生命。

在理想的小学，教师会以游戏、故事为主要上课形式，释放孩子玩的天性，不约束、不限制孩子的自主权，给孩子营造一个宽松愉悦的学习环境。在理想学校，学生将在以下时刻达到学习的最佳状态：

①有兴趣时；

②身心处于最佳状态时；

③教学内容用多种形式呈现（不仅是多媒体）时；

④遭遇到理智的挑战时（高难度）；

⑤发现知识的个人意义时（对自己的影响）；

⑥能自由探索、创新时；

⑦被鼓舞和被信任做重要事情时；

⑧有更高的自我期待时；

⑨学以致用时。

在理想学校，教师会明晰学与教的关系：

①学教原则——为学生终身学习发展奠基；

②学教目标——发展学生综合素质；

③学教关系——民主、合作、互动；

④学教过程——主动、生动、活泼；

⑤学教方法——启发、内化、转化、升华；

⑥学教环境——和谐、愉悦、共振，师生流连忘返；

⑦学教过程——学习知识，生成习惯，提升能力，形成品质。

鲜明的八个标志

在理想学校，学生身上会有鲜明的八个标志：

一是独立。从生活到心理都不依赖别人，事事自己思考，问题由自己解决，这是一种能力。

二是包容。同窗学友建立起的友谊会维持一生。同学既分享共同成长的喜悦，也有分担麻烦的感激，还有彼此宽容对方的弱点和毛病。

三是自约。自约是自我意识的成熟，学生们体现自身创造性的天地实在太广阔了。

四是忠诚。忠诚是原则，是一个人至高的道德。

五是勇敢。勇敢是面对竞争、迎接挑战，在处于优势时不张狂、不喧躁、不得意忘形，在弱势时不气馁、不放弃、不轻易认输，强调对自我的"挑战"等。

六是合作。合作是心胸，合作是品质，合作是能力。

七是幽默。幽默来自高超的智慧与机智，同时也是修养和文化的体现。你不必靠嗓门大、声音高把人"压倒"，而是在一句妙语中令人会心微笑，心悦诚服。

八是风度。绅士淑女们必须在任何情况下，特别是在麻烦降临之时保持理智、平静，那不能只是外表的，必须在内心也要冷静、清晰、有条不紊，这是一种修炼功夫。平静和彬彬有礼的底蕴是克制、含蓄、内敛。当着众人的面"失态"，被视为一件极其丢脸的事。

理想学校的学生有民主思想，并体现在他们的生活方式、思维方式和举手投足之间，存在于个人回转的空间以及更广阔的愿景里。我们的学生自信、开朗、包容，有力量、更柔韧、更长远，对整个社会的发展和人类的和平都会有重大的贡献。

分享三句话

最后，我分享三句话：

一是，我们是教育人，在做教育，而不是在做"××教育"。所以，我主张在"教育"前不加定语，不是"什么什么教育"，如"愉快教育""成功教育""素质教育"等。在"教育"前加定语都会窄化教育。

二是，教育其实很简单，不必搞那么多"模式""方法""概念"，也没有必要提那么多"创新"和"创造"。

三是，教育不分公办教育和民办教育，我们做的是教育。在学校没有老板、董事长和公司之说，学校是校长在引领和管理。也只有这样，民办学校在教育界才会被正名，才有生命，才能办成理想学校。

14. 女童教育，成就好妈妈

青岛八大峡我的端然书屋，阳台正面向黄海，开阔致远到天际。这个阳台是我和夫人经常饮茶聊教育的地方。秋日的暖阳，带着海洋润润的空气，淡淡地扑面而来。我和夫人品着新产的崂山红茶，在讨论女童教育。

人类文化是女性文化

女性是最伟大的，世界上每个宗教都有最可亲可敬的女性代表，如天主教的圣母，道教的西王母，佛教的观音菩萨。人类文化是女性文化。

中国古代教育，从胎教入手。南怀瑾先生在《漫谈中国文化》中提到，中国文化五千年，是靠女人、靠母性维持的。所以每个圣人、英雄后面一定有一个伟大的母亲，母教很重要。中国古代教育从胎教开始，女人一怀孕，看的、听的东西和行为都不同于平常了。教育是从父母的家教开始，靠学校是远远不够的。教育若完全依赖学校，则是错误的。我们小的时候到别人家做客，人家会说："他是谁家的？家教很好啊。"

现在的家庭教育几乎是空白，或是起到相反的作用。高级白领妈妈们自己接受了高等教育，却把孩子留给没有上几年学的小保姆带。这是社会的无奈，还是妈妈们的无奈、无知？

孟子成为亚圣，是因为有孟母。孟母三迁的故事，人们只注意了孟母给孟子寻找有利于他生长的外部环境。其实，孟母才是孟子最好的人文环境。

宋庆龄有伟大的倪桂珍妈妈。倪妈妈对宋庆龄等子女进行中国式家教，从吃饭、走路、穿衣开始，进而学习诗文，子女大些后又把他们带到美国夏威夷接受西方文化教育。东西方文化的影响陶冶，才有了国母宋庆龄落落大方、举手投足的优雅。更重要的是宋庆龄的爱国、爱我们中华民族、热爱儿童等，让我们肃然起敬。

莫言在瑞典诺贝尔奖颁奖仪式上，发表获奖感言时，讲了孩提时代妈妈教育他的八个故事。一位乡村母亲，不识字，竟然以她的节俭、大爱、诚实、包容等品质影响莫言成为了伟大的文学家。

曾家人才辈出

曾国藩的后裔中，可谓人才辈出。人们热衷于研究曾国藩家书，研究曾家的家风祖训。其实，曾国藩有一位贤妻又是良母的太太欧阳夫人。曾国藩在外面无论是做京官，还是指挥湘军，家里有贤内助欧阳夫人恪守勤俭家风，帮他教育子女。

欧阳夫人出身于书香之家、"贞节之门"，淑静端庄，勤劳简朴，是曾国藩的理想伴侣。作为长媳，她上敬老人，下和弟妹，相夫教子，任劳任怨，把家里"七七八八"的事打理得井然有序。曾家上下都非常喜爱和敬重她。

欧阳夫人的父亲欧阳凝祉是曾国藩的业师，两家是门当户对。

孟子有名言："君子之泽，五世而斩。"曾国藩认为，宦官之家只能延绵一两代，商贾之家而勤俭者能延绵三四代，耕读之家而谨朴者能延绵五六代，孝友之家则可以延绵十代八代。曾国藩在给家人的信里，告诫弟弟们："吾乡显宦之家，世泽绵延者本少。"

曾家后人曾宪琪说曾家祖训："不求为官，远离争斗，但求做一个读书明理的君子，做一个于社会有用之人。""我们家族的孩子有个不成文的规矩，你可以调皮捣蛋，你可以犯各种各样的错误，但唯独不可以不读书。"曾梦佳认为："曾家人的性格和素养，让他们对权力和财富的欲望没有那么强烈。"

欧阳夫人是一位伟大的母亲，是中国妈妈们的典型代表。我经常给妈妈们讲"家教八部曲"，讲学结束后，妈妈们跟我说孩子的许多问题，我说，首先解决妈妈自己的问题。妈妈是孩子的典范，是家风的核心人物。妈妈好了，家就好了；妈妈好了，孩子就好了。

每个孩子都是珍贵的存在

"每个孩子都是珍贵的存在"，是我妈妈生前常说的一句话，据说还源于我。

我小的时候得过脚病。病很顽固，爸爸妈妈背着我走遍了附近的医院医治，但效果都不好。眼看到了上学的年龄，脚病仍未见好。病犯了就不能走路，一年至少有两个月之多。怎么办？我上学的事，让全家人犯了难。后来我知道，那时家里生活并不富裕，在我上边的哥哥姐姐读书都很优秀。一度不让我上学或暂时不让我上学的说法在家里占了上风，唯独妈妈不说话。

暑假过后，我该上学了，但天不随人愿，我的脚病又犯了。在大家的讨论中妈妈力排众议，还是决定送我去上学。我隐隐约约记得，妈妈当时说："每个孩子都是珍贵的存在，大的学习好，这个也要活一辈子，没有文化知识怎么行。"说着妈妈背起我就去了学校，报名，上学。这一背就是五年。迎酷暑寒风，伴朝阳落日，妈妈不知吃了多少苦。

五年级暑假，我读到一本《年历》小册子，上边有医治我脚病的药方。我欣喜若狂，跑回家告诉妈妈。妈妈也高兴得不得了，几乎让我读了十遍药方。冷静下来，妈妈询问医生后，按药方精心准备，然后给我的脚涂药。一次，两次，一天，两天，一个月，两个月，不知是药特灵验，还是因为妈妈的爱心，还是因为我的顽强配合，或三者兼而有之，我的脚病好了。奇迹是至今脚病未犯。

我终于自己蹦蹦跳跳、高高兴兴地去上学了。妈妈把这件事当故事，讲给邻居，讲给亲属、朋友们听，讲给那些还没上学的孩子的爸爸妈妈听，讲给那些辍学的学生家长听。妈妈说："每个孩子都是珍贵的存在，孩子上学，有了知识才能更好地做事、成人。"从此，"每个孩子都是珍贵的存在"成了妈妈的语录。劝学，也成了妈妈的"第二职业"。妈妈不知劝了多少孩子上学。

读初中，物理课学浮力。一次老师留了有关冰山浮在水面的作业，其他作业都做完了，唯独这道物理题把我难住了。夜已深了，我仍未有解题思路。急躁于事无补。妈妈看出了我的情绪，鼓励我："男孩子做事要有智慧，要有忍劲，要执著，急不行，躁解决不了问题，被一道物理题难住，你这一生还能干成什么？"妈妈给了我力量和智慧，题终于解开了。妈妈的话至今好像一直响在我耳边，我也从此养成了做事不言困难、理性思考、执著追求的习惯。

大学毕业当老师后，妈妈经常向我叮叮，多劝孩子们读书，不要让他们退学，不要歧视任何孩子，组织他们开展活动，让孩子们在活动中学会做人，学会合作，每个孩子都是珍贵的存在。

我当了初中班主任。"是个乱班，'差生'多"。妈妈批评我，孩子在家长眼中都是好孩子，没有差孩子，哪来的"差生"，关键是你要把人家教育好。是啊，每个孩子都是珍贵的存在，在学校的千名学生中，他是千分之一，而对他本人、对他的家则绝对是百分之百。这是我后来的认识。到了初二，我组织学生春游，让每个学生从家里带一样做好的菜。妈妈听说后，建议让学生三人一组，自己动手做。果然学生特感兴趣。跑市场，买菜，动手做。有争议，有合作。有女孩子的细腻，男孩子的包容。也许孩子们就是在这样的磕磕碰碰、合作、包容之中成长的。三年的班主任期间，妈妈给了我许多好的建议。三年后，这个班果然成了好班。

也不知是妈妈天生有之，还是受我们这一教育家族的影响，她希望所有的孩子都读书，她要求我们好好做人，她常说做人比什么都重要。记得我当了校长，妈妈说："相信你的智慧和能力能管好学校。做人是最重要的，只要你把人做好，就能成为优秀校长。"有一次，我同妈妈讨论教育。妈妈说："你的学生走向社会后，与什么人都能交往，在什么地域都能生存，是你教育的成功。"是啊，我们的学生要在经济全球化的背景下生存发展，并有所作为，需要有"与什么人都能交往"的能力，与祖国同胞，与美国人、日本人等交往的能力；需要有"在什么地域都能生存"的能力，在城市、农村，在东部、西部，在中国、国外都能生存。

后来我悟出，妈妈身上有许多中国人的优秀品质，妈妈向我传授着优秀的中国文化。

到今天，妈妈离开我整整十年了。"做人""劝学""每个孩子都是珍贵的存在"是妈妈留给我的宝贵财富，对我后来的价值取向、学生观、教育观的形成产生了积极的影响。如果说，我为社会做了一些有益的事情，如果说我在实施教育方面取得了一些成绩，应该感谢妈妈。

呼吁女童免费教育

2013年底，我在深圳讲学，其间我登莲花山。上山时，我前面约十米远，有一位年轻的妈妈带五岁左右的男孩也在上山。妈妈没有牵孩子，同孩子保持约一尺距离。母子俩一路聊天，缓步前行，直至山顶。男孩儿踏实的小健步，年轻妈妈的不抱不牵手，我欣赏。

下山时，与我同行的一家人——妈妈、爸爸、姥姥（或奶奶），还有一个约七岁的男孩儿。走了估计一公里，男孩儿不走了，爸爸抱，然后妈妈抱。又走了可能不足千米，男孩儿嚷嚷着饿了，一家人坐下来，给男孩儿拿吃的，姥姥连续从包里拿出几种，均被男孩儿扔到一边，然后男孩儿自己拿起一瓶碳酸饮料喝了起来。

我心情沉重起来。如此画面，是男孩儿有问题，是妈妈有问题，还是姥姥（或奶奶）有问题？我想最后男孩儿一定会成为问题男孩儿。

人类文化似乎是女性文化。妈妈多么的重要。教育首先要教育好女童。我曾经呼吁，女孩儿从小学一年级到大学，国家实行免费教育。

　　《大学》曰："一家仁，一国兴仁；一家让，一国兴让；一人贪戾，一国作乱。其机如此，此谓一言偾事，一人定国。""所谓治国者必先齐其家者，其家不可教，而能教人者，无之。故君子不出家，而成教于国。"

　　一家仁，母亲很重要。母亲是大地，是包容，母亲有坤德，坤德似地厚，坤德品坚贞，坤德可海涵。广阔无垠的大地，是生成万物的根源，它柔顺地秉承天道的法则。坤是母卦承载生命。

　　只有教育好女童，教育好所有的女童，我们这个民族才有"一家仁，一国兴仁"。

　　母亲好了，女儿象泽，是喜悦，她脾气和顺，性情如水，悦容喜色，尊父敬母，应对裕如。她会幽默，包含宇宙万物，有高超益世的人生处世态度。

　　母亲好了，女儿象火，有依附燃烧的忠诚。明霞艳照，丽火映天，辉煌灿烂，这是离火光照。女儿到中女，即少妇，最为丰美迷人。她不"离德"而"丽德"。

　　母亲好了，女儿象风，哪里都吹得进去，是风与顺。女儿已经是长女，以顺逊阴柔为品性，喜伏喜齐喜人，顺风齐物。"随风巽"主张果断行事，善于合作，成就大业。

　　女童教育，何其重要！

15. 闲暇创造文化
——美文书写教育

闲暇创造文化。

北京西山脚下的植物园，我经常去那里读书。植物园里有黄叶村，据说曹雪芹的《红楼梦》就诞生在此，那里安静，是适宜思考写作的地方。北京玉渊潭公园的茶楼，青岛八大峡我的端然书房，深圳茶溪谷，郑州艾瑞德国际学校的小木楼等都是我读书、写书的安静之处。

我在书中写过，孙悟空在五行山下安静五百年后，出来辅佐唐僧西天取经成功；诸葛亮在南阳草庐读书近二十年，被刘备三顾茅庐，方彰显出大智慧；姜子牙在渭水河边静静地悬钩钓鱼，才有了八百年周朝的开篇精彩之一幕。

闲暇创造文化，静下来能思考。创，左边是"仓"，是储备。只有读书储备文化、知识、经验，才会有创造。

下面这几篇小文都是我的闲暇之作，是对中国文化的爱，对教育的爱，是静静思考之后的结晶。

教育赋

万物有理，四时有序。天地星辰，自力自律。地阔天圆，亨通顺利。圣心之道，行走天意。中华文化，沧海桑田，繁衍茂盛，世界屹立。开物成务，天健德丽。

教育神圣，金石之理。苍天蕴育，儿童神奇；如海浩瀚，似天邃兮；超凡脱俗，天赋演绎；智慧泉源，曼妙情契。

吾师伟大，激荡诗意；情怀炽热，敏锐洞悉；善者因之，愿景如一。育我儿童，顺势秩序；张弛有度，动静相宜；科学人文，相融相依。

精神物质，乾坤一体。时空交汇，延伸万里。自然生长，乃吾教育。

这是我在2014年春天写的《教育赋》，是我对教育的理解，对教育的情怀，对教育的愿景。

诗之美

我喜欢诗词，孩子们也喜欢。

今年寒假让艾瑞德国际学校五年级一班的孩子们每天学背一首诗词，每天我选好诗词发给班主任魏琼琼老师，她给诗词配上一幅精美的图片发给孩子们。

中国是诗的国度，从《诗经》开始，到盛唐已达高峰。诗词伴随中华民族几千年，无论是"大风歌"还是"小桥流水人家"。

没有诗意润泽过童年的人生，是缺少美好的。

带儿童学背诗词，是把世界上最美好的文学带给孩子们，把世界上最美的意境带给孩子们，把世界上最善良的故事带给孩子们，把世界上最开阔的胸怀带给孩子们……

儿童读诗，有朦胧之启蒙，也有一日千里之速率；有当下琅琅之阴阳顿挫，更有久远之山水人文……

诗是美，形式美，韵律美，内容更美，"大珠小珠落玉盘""疑似银河落九天""所谓伊人，在水一方""我看青山多妩媚，青山看我应如是"……

清晨，一杯清茶，一缕霞光，一首唐诗，妻子、孩子……

教育是美，美在校园，美在家，美在人文，美在诗词……

诗之美，永远……

2015年寒假，我带两个城市五年级的几十名孩子学背唐诗宋词，每天一首，共38天，学了38首。后来我将这些诗编辑成了小册子。《诗之美》是我为小册子作的序。

童年在哪里

童年在哪里？在黄河边，在麦田里。我们看日出日落，看河水流动，看鸟儿飞翔，看花开花谢，筑沙城，晚上数星星，听天籁之音……童年是无限的发现欲。

童年在哪里？在科学宫，在3D馆。我们玩魔方，拼乐高，遥控航模，操控机器人，研究汽车、宇宙飞船……童年是异想天开。

童年在哪里？在运动场，在游泳馆。我们快乐奔跑，向着阳光，荡着秋千，游出健康……童年是美好的向往。

童年在哪里？在教室，在读书广场。我们下围棋，玩摄影，品美食，阅读文学，初识文化……童年是探索的起步。

童年在哪里？在艾瑞德，在老师爱的氛围里。数学，我们把问号拉直为感叹号；语文，我们领略汉字久远的魅力；音乐，我们把美化作终生教养；科学，我们让其有相生相克的理性力量……童年是一生的宝藏。

2015年，艾瑞德国际学校六年级毕业班的孩子们，包爷爷细数着你们形成的八大习惯，欣赏着你们彰显的八大品质，在为你们的文集写序，祝福你们自然生长，永远童年，童年永远……

这是2015年6月，艾瑞德国际学校又一批孩子们毕业了，他们将自己的优秀作品汇聚成集，我为之作了序《童年在哪里》。

开物成务

中国文化的源头是六经，六经之首是《易经》。孔圣人对《易经》的描述是："开物成务，冒天下之道。"此乃圣人孔子，以通晓天下之志，以定天下之业，以断天下之疑，对《易经》的精辟解读和高度概括。

开物成务指通晓万物的道理并按这道理行事而得到成功。"开物"

的"物"指的是人;"成务"的"务"指的是人的事业。

开物成务也是揭示事物的本质,启迪人们的心智,概括天地间的规则,决断天下的疑难,成就人未来的事业,使人们身心合一,达到天人合一。

学校是启蒙之所,为人生导航,为学日益。学校所有"物"都有生命,都有价值;所有"务"都有生命,都有价值。师生生命尤其有价值,价值在学校提升。

在学校,师生应建立以生命为核心的宇宙观,宇宙万物都有生命,一草一木、一山一水都有生命;还要建立以价值为中心的人生观,理智追求真,情感追求美,意志追求善;对未知有善于超越的视野和胸怀,心中要有天,心中要有道,心中要有自然,心中要有宇宙万物。

学校教育的核心应是遵循生命的"自然律",孩子们生长的"自然律"。"自然律"是宇宙的大律,是宇宙的唯一大道理。自然即宇宙,宇宙即自然。宇宙乃至万物皆为自然力所驱使,这是"自然律"。生命的"自然律",是生命进行的规律,人的生长规律。教育在于顺应天道,真正读懂儿童,读懂儿童的生长,只有这样才能真正懂得教育。

开物成务在学校,引领师生开启生命,开启智慧;开物成务在学校,引领教师成就终生的教育事业,引领学生成就未来的美好人生,美好的人生事业。

2013年春,深圳龙岗外国语学校筹建时,唐文红校长约我同筹备组的老师们聊教育,这是我第一次聊教育的话题。

香山思教育

朋友约我登北京香山,欣然从之。时至农历腊八,上午十点的太阳仍然是暖融融的,所以我们登山的心情格外的好。

朋友爱好摄影,一边爬山,一边把有韵味的景色收入镜头。虽然没有春季的花团锦簇，没有夏季的浓荫蔽日，没有秋季的凉爽宜人，层林尽染的漫山红叶已是秋藏，我的朋友仍然抓拍冬季的故事。

孕育生命的枯枝，参差斑斓的古木，林中的斜阳，远山的呼唤，天边的白云；跑山壮士的健美，温馨的恋人，顽强的断臂登山人，上身裸露的登山小伙，还有白发苍苍的"夕阳红"们，都进入了我朋友的艺术作品中。

山林里静穆的世界，襟袖间泥土的气息，暖阳下幽雅的环境，世间多少冷暖，早已同朋友的摄影作品融入那崇高的境界中。

我想起金代周昂的诗《香山》：山林朝市两茫然，红叶黄花自一川。野水趁人如有约，长松阅世不知年。千篇未暇偿诗债，一饭聊从结净缘。欲问安心心已了，手书谁识是生前。

不知不觉，我们便登到山顶。放眼望去，群山环抱，仙雾缭绕。朦胧中，香山赏枫10处最佳观赏点：玉华岫、看云起、森玉笏、双清别墅、隔云钟、静翠湖、香炉峰、香雾窟、和顺门、驯鹿坡在目；远眺京城，似乎尽收眼底。此时，我顿觉"会当凌绝顶，一览众山小"和"登东山晓鲁，登泰山晓天下"的新意。

教育在哪里？下山后，我们在一家西餐馆里吃饭。沙拉、红酒、咖啡，引来的话题就是教育。若我们的老师们每周登山一次，会有好的身体，好的胸怀，好的视野，好的心情，好的课堂，好的教育成果；若我们的孩子们至少每月登山一次，我们看到的是生龙活虎的身影，是灿烂的微笑，是活泼的活动和轻松的学习。朋友说："这是否就是你的自然生长教育？"

这篇文章作于 2008 年农历腊八，是我对教育的又一静心思考。

我喜欢中国文化

我喜欢中国文化。对中国文化我有朝圣感。

我喜欢游历祖国的古迹名城：江苏苏州园林，河南龙门石窟、白马寺、少林寺，云南大理、丽江古城、茶马古道，四川乐山大佛、成都武侯祠、杜甫草堂，北京长城、故宫、天坛、颐和园，南京夫子庙、乌衣巷，山东曲阜、泰山，山西五台山、云冈石窟，陕西兵马俑、大雁塔，甘肃敦煌，河北赵州桥等等。先祖们留下的建筑、雕刻、陶瓷、景泰蓝、武术等文化让我叫绝。

我经常走进博物馆，欣赏博物馆里已显旧的宣纸、书法、绘画、古琴、唐装、线装书、壁画、古乐器、青铜器等，为古人的艺术文化折服。

我多少次寻找先人思想。儒家精神里对他人包容和关怀的"仁者爱人"，修身齐家治国平天下的精神，道家的"反者，道之动"和无为而治思想，还有把人看作全息的、和谐系统的"辨证施治"的思维方式等，使我惊叹不已。

我曾多少回被历史吸引。从河姆渡到黄帝陵，从莫高窟盛唐遗韵到八达岭巍巍长城，祖先披荆斩棘，历尽艰辛，开辟神州亘古荒原。我为圣贤们创立了生生不息的华夏文明，开中国文化之先河而心生敬慕。

我曾梦访古人，触摸四大发明、听演周易、论春秋、说论语、赋离骚、谈国语。慨吐峥嵘之高论，开浩荡之奇言。秦皇汉武，唐宗宋祖，多少盛世昭天下。我对先祖们肃然起敬。

我每每阅读古书，《易经》《论语》《大学》《中庸》《老子》《庄子》，还有唐诗、宋词、元曲、明清小说。读到《三国演义》里的智，《水浒传》里的忠，《西游记》里的幻，《红楼梦》里的情，对作者的匠心独具钦佩不已。

我走过茶马古道和蜀道，真有"雄关漫道真如铁，而今迈步从头越"之感慨。"大漠孤烟直，长河落日圆"，何等艰辛，何等气魄，何等伟大。

世代中国人的思想、行为成为中国文化，中国文化是中华民族几千年的积累、积淀、创新。中国文化影响着世代中国人，影响着世界。中国文化中最有价值的部分，应该是兼容并蓄，消化融和，创新精神，方显其泱泱大国气度。

中国文化里蕴含着教育，我们的教育来源于中国文化。

我想我们的老师们若善于畅游于这些中国文化里，这些山水间，能陶醉于其中的教育，能领会其中的教育，能取出其中的教育，再用于当下，我们的教育会是新的气象。

我喜欢中国文化，是透进骨子里的。我讲学，无论是给校长们讲，还是给老师们讲，或是给家长们讲，都有中国文化在其中。我已经出版的几部书里，也浸透着中国文化。写于2009年的这篇《我喜欢中国文化》小文，我是非常喜欢的。

其实，这里面满是教育。若以文中所说，老师们都有所见，有所理解，则无论是什么学科的老师，都会有精彩的课堂。

16．读书：人生温暖的旅程

　　我非常喜欢书，喜欢书屋。我喜欢书的那种淡淡的清香，喜欢书屋那种淡淡的素朴。

　　书，我一直在读，在淡淡地读着，忘记了是什么时候开始，又不知道要读到何时。图书馆，阅览室，家里，车厢里，湖岸幽静处，丽江古城，借烛光，借书灯，借月光，双休日，寒暑假，我都在默默地读着。每天夜深人静时，没了喧嚣，空气进入了淡淡的状态，我的心境也进入了淡淡的氛围，这时拿起一本书伴着茶香慢慢地读起来，读着读着，就会渐渐进入了读书的佳境。我这一生好像伴书而来，好些书好像为我而诞生。

　　"一去二三里，烟村四五家，亭台六七座，八九十枝花"，还有《三字经》《百家姓》《二十四节气歌》等等，是我在孩提时期读的。稍大一点便读了《林海雪原》《十万个为什么》等等。然而我真正成为读者还是从中学开始的。中学时代我阅读了《三国演义》《红楼梦》等大量书籍。读书的习惯似乎就是从那时逐渐养成的。

　　后来随着年龄的增长，读书的范围越来越宽泛，那种漫无边际地读书，好像就是说的我。我从没想过读书破万卷，没有下笔如有神之追求，也没想在书中寻找黄金屋，更没想在读书过程中发现什么颜如玉。

　　读书，我是从读，到习惯，到偏爱，又不知何时，有了读书的嗜好。

其实，读书就是一种习惯，可以说是人生的良好习惯。我独欣赏斯迈尔斯关于读书的如是说："书引导我们生活在一个最美好的社会里，让我们置身于古往今来那些伟大的心灵之中，瞻仰他们的风采，亲沐他们的行谊，聆听他们的言语，坐育其间，分享他们的喜怒哀乐，吸取他们的经验，不知不觉地把自己融进他们匠心独运的幽美意境之中，如沐春风，一生都受用不尽呢！"

当你读书之后会晓得，读书是呵护心灵的绿地，读书是建设精神的家园，读书是灵魂的出口，读书是心智的飞扬，读书是精神的提升。

当你读书之后会发现，书中自有花似锦，书中自有草如碧，书中自有春如画，书中自有秋飞雁。

读《三国演义》，你会钦佩诸葛亮治理蜀国的严谨规范、七擒七纵孟获的胸怀，曹操的文韬武略，周瑜的英俊飒爽。曹操的诗，尤其是《观沧海》《龟虽寿》等诸诗，吟诵之后你会由衷地赞叹。暗淡了刀光剑影，淹没了荒尘古道，一个个鲜活的面容仍在我们面前，这就是《三国演义》，就是书，就是以人为本的鲜活体现。

读《红楼梦》中林黛玉进荣府，你能看出小小的林妹妹懂得那么多礼仪。"步步留心，时时在意，不肯轻易多说一句话，多行一步路，惟恐被人耻笑了去"，从中不难看出黛玉有良好的家教。所以，《红楼梦》的学问之一，告诉了我们许多人与人交往中的礼仪。

读书会让你内心宁静，从容地思考、丰富自己。读书是生活的一部分，而生活又是一本大书。读书会让你发现生活的魅力，生活的道理和生活的快乐。做一个爱读书的人吧，幸福生活会拥抱你的。

读点自然科学之类的书，你会了解工业文明的形成，会提升你的科学素养。

读孔子，你会悟到"人能弘道，非道弘人"，人能使道发扬光大，不是道使人的才能扩大。道虽本然而存，但要人去领悟，得道则能弘道，道要人去得，把道弘扬出来。在孔子看来，道是存在于人与自然、人与人、人与社会之间的一种道德规律，是事物的当然之理、天地万物运行之则，也是生命本体的自然规律。人通过实践、体验、领悟而所得，才称之为德。孔子是中国先秦伟大的思想家，他的道德思想已经深深积淀于中华民族人格之中，流淌在每一个炎黄子孙的血脉里。读孔子的书能跟孔子学道德之"道"。

读李白，你会知道李白是位伟大的浪漫主义诗人，他气概豪迈、感情奔放、意气风发、幻想无边、强烈追求个性解放、蔑视权贵、不崇拜偶像的诗，使多少人欣赏，如：《庐山谣寄卢侍御虚舟》中的"我本楚狂人，凤歌笑孔丘"；《梦游天姥吟留别》中的"安能摧眉折腰事权贵，使我不得开心颜"；《宣州谢朓楼饯别校书叔云》中的"弃我去者，昨日之日不可留。乱我心者，今日之日多烦忧。长风万里送秋雁，对此可以酣高楼"；《将进酒》中的"君不见，黄河之水天上来，奔流到海不复回。君不见，高堂明镜悲白发，朝如青丝暮成雪""天生我材必有用"；等等。李白的《蜀道难》，写得淋漓尽致，把读者带进了祖国壮丽险峻的山川之中，把读者带进了神奇优美的神话世界，让读者们仿佛也到了"难于上青天"的蜀道之上。李白真是"笔落惊风雨，诗成泣鬼神"，文采奇异，气势磅礴，有脱俗之气。我劝你一读。

读书，会使你心中蕴涵深邃的哲理，周身散发出淡淡的书香。

书，要读，要淡淡地读，伴随一生去读。

附：

一个理科老师的读书建议

刚刚阅读完《中国教育报》2004 年《读书周刊》年度表现、"十大读书人物"，欣赏、钦佩、激动，难于言表。窦桂梅等十人可谓是教师读书的楷模。他们默默地读，潜心地读，挤时间读，孜孜不倦。所读之书的新奇让人耳目一新，所读之书的广泛让人叹为观止。读的书不同，读书收获的不同在于人。读书时间的获取更是不同生活的区别。读书的修身养性，读书对职业素养的提升，读书之深邃，读书之豁达，读书之明理，读书之独守，读书之完人，读书之为学生追崇教师明星，我为之鼓掌。我特别赞叹最有"底层色彩"的方助生老师，在山区农村学校，几乎为零的文化环境中成长为一名"高贵"的读书人。特别是方老师震撼心灵地呼喊"教师靠什么？读书"，真让我们拥有满是图书的环境的城市教师逊色、惶恐。我特别欣赏窦桂梅老师的"读书是我的'美容用品'"，但建议她不要太沉重地阅读，更要轻松地活着。高万祥老师喊出"培养中国的读书人口"的同时，向我们倾诉了悄悄话——"读书拯救自己"。

读完"十大读书人物"，高兴之余突然感到缺了什么，颇有些遗憾。"十大读书人物"几乎都是语文老师，似乎只有语文老师在读书，其他学科教师都不读书。读的书大概多是文学类，也有少许教育、社会、历史之类。不知是否《读书周刊》有如是宗旨或引导？或我们其他学科老师的读书未被发现，或自然科学之类的书籍不多不好读？

其实，其他学科的教师爱读书的也大有人在，我的理科同学和同事，包括曾读自然科学专业的朋友中，也大有颇爱读书之人。他们不仅读"十大读书人物"所读之书，也读自然科学及其他类书籍。

记得刚刚走上工作岗位时，好心的前辈嘱咐，读儒家书能修身，读道家书能养性，后来见我们浮躁，又说读佛家书能静心。前辈们大概也是读文史类书过来之人。读书的历史就是这样一代代形成的。有人为我们没获诺贝尔奖归结出很多原因，我突然想，如此读书和如此读书史是否也是原因之一？若真是，那我就要呼唤，读点自然科学类的书吧，理科老师们也快快读书吧！

自然科学类的书籍读来也颇有趣味，也会益人。记得我在小学读到的第一部"大部头"书是《十万个为什么》，那里的千千万万个为什么让我开始认识世界。中学时我理科学得较好，读大学选了理科似乎也与此有关。您若阅读化学，当走入原子微观世界，肉眼看不见它空间之庞大。电子速度之快，原子核恪守本性，中子的"中庸"，真是妙趣横生，如梦幻世界。当您听化学老师讲实验故事，从醇水相溶、油水难溶、缓冲溶液、中和反应、化学平衡、氧化还原等现象中或许能悟出些许人生道理。您如阅读了原子核外电子依能量的有序排列、电子得失、化学反应外部条件的作用，也许会得到企业管理中人才的作用及选择的启示。化学反应中的"催化剂"、有机物分子中的"官能团"，能让现代企业向集团化发展过程中的机制建设受到某些启发。我们阅读物理，共同欣赏物受力的分析、热的传导、电给人类带来的七彩世界，会感到"物之初，性本善"，物界之美好。想阅读蓝天，大气由近及远的渐淡，星和月在引力、排斥力平衡之中的友好和平共处，多么像银河众多庞大的群体一样多极共存，多极共融。您再阅读大海，鱼水的生存关系，海底植物的生长空间等，会让您觉得人类还有许多知识应该涉猎。或许您还会了解为何会产生海啸。如果人们早些读一读预防常识，海啸来袭时是否就不会惊恐，会像"庖丁解牛"一样应付自如？

细细品来，读自然科学类书也会修身养性静心。

我阅读自然科学之类的书籍，总感觉那里很温馨，既没有"赤壁之战""楚汉之争"，也没有"明修栈道，暗度陈仓"，看不见"古道西风瘦马""大风起兮云飞扬"，读不到"满纸荒唐言"之后的"一把辛酸泪"，没有功利、黄毒、恐怖。那里有"横看成岭侧成峰"，有"客舍青青柳色新"，有"相逢何必曾相识"，有比西湖更美的西子，有亘古不变的自然遗产，有平和、自然、道理和给予。雪轻松地下着，夜静静的，妻儿睡得甜甜的，一天劳顿下来，我又拿起化学书籍读起来。碳元素、碳化物、有机物、生命。碳是伟大的。碳之伟大在于它不仅是碳链主体，有机物之脊梁，且能团结氧氢等诸弟兄，手拉手、肩并肩支承着我们的躯体和灵魂。化学反应是那么遵守规则，每一次反应成功都有平和的理由，无欺诈，无霸王条款。读着，读着，我似乎发现那里有自然界孕育人类的伟大之爱。我热泪盈眶。没有碳，哪有我们人类。而碳从来不向人类索取。读了碳，我好像才真正懂得什么叫无为而治。爱物吧，爱大自然吧，爱自然科学吧，爱自然科学书籍吧。

当然，在读书特别是阅读自然科学类的书籍时，起先像"独上高楼，望尽天涯路"，可真要有"衣带渐宽终不悔，为伊消得人憔悴"的精神，读着读着，突然你会具有"众里寻他千百度，蓦然回首，那人却在，灯火阑珊处"之感觉。

李时珍读百草，给后人留下了珍贵的医学遗产。陈省身大师读数学，终生乐在其中。唐敖庆院士读化学，读成了伟大的科学家。杨利伟读航天，圆了国人千年航天梦。没有实验室里读电脑的人，我们现在也许就没有网络世界。有多少默默地潜心读数理化的人多年独守，一次次验算，一次次实验，才有了我们的一代代科学家，才有了我们的"两弹一星"。他们很少张扬，当然他们的读书情结就很少为人所知了。

有人说，20世纪是物理（化学）时代，21世纪是数学（生物）时代，以前我们的祖先是文学、史书时代。此说也许太偏颇或太不妥，对否我不得而知。我常想我们在阅读先祖书写之优秀文学作品，如《琵琶行》《陋室铭》《岳阳楼记》《红楼梦》等，听演周易、说论语、赋离骚、逍遥游、大风歌、出师表，慨吐峥嵘之高论，开浩荡之奇言时，在阅读陶行知、苏霍姆林斯基等人的著作的同时，是否也应阅读一些自然科学读物，读一读居里夫人、杨振宁、钱学森、李四光等人的相关书籍；语文老师在读书，我们理科老师们是否也要多读点书。我也希望出版社以立足当代科学前沿，彰显当代科技名家，介绍当代科学思潮，激扬科技创新精神为宗旨，出版令人眼前一亮的科普书籍，献给我们的学生、老师及广大读者。我衷心希望《读书周刊》2005 年发现理科教师读书新人，推荐自然科学新书。

（包祥，发表于《中国教育报》2005 年 1 月 20 日。）

科学读物真的让人感动不起来？

读完《中国教育报·读书周刊》上刊登的 2004 年十大读书人物报道，我有着与包祥老师一样的高兴和遗憾。高兴在于十大读书人物可谓是教师读书的楷模；遗憾的是，他在文中说："'十大读书人物'几乎都是语文老师，似乎只有语文老师在读书，其他学科教师都不读书。读的书大概多是文学类，也有少许教育、社会、历史之类。不知是否《读书周刊》有如是宗旨或引导？或我们其他学科老师的读书未被发现，或自然科学之类的书籍不多不好读？"包老师在发出疑问和感慨之后顿悟到，我们没能获诺贝尔奖原因之一是否与历来只从前辈那里因袭他们所读的儒家、道家、佛家等修身养性的书籍有关。包老师由此建议要多读自然科学之类的书籍，在他看来，自然科学书籍读来不仅颇有趣味，而且同样会修身养性静心。依我个人陋见，读书多少与所教学科没有必然联系，中小学图书馆乃至书店、书市里社会科学与自然科学类图书比例严重失调则是不争的事实，但自然科学书籍是否少到了"无书可读"，根本无法满足青年学生阅读需求的尴尬境地呢？答案也是否定的。

作为语文老师的我对包老师的见解之所以深表赞同，还因为在我的工作中有一个疑惑至今悬而未决，那就是：科学读物为什么让人感动不起来？尽管我在图书馆的经历不长，但工作特点决定了你所读之书、所荐之书不再局限在本学科范围之内，因而不能不尽其广。鲁迅先生说："读书无嗜好，就不能尽其多。不先泛览群书，则会无所适从或失之偏好。广然后深，博然后专。"鲁迅先生强调要培养读书"嗜好"，并且，只有先"广博"然后才能达到"专深"，我以为见地极是。然令我失望的是，在图书馆多次组织的读书征文活动中，如写"我最难忘的一本书""最感动你的一本书"，我从最先无意识地发现到有意识地关注到这样一个现象，即学生来稿涉及的几乎全是社会科学类书籍。这就不能不引起我的思考。

究其原因，我以为我们不适当地强调或夸大了经典阅读的重要性，或者把经典狭隘地理解为文学名著。教育部《中学语文教学大纲》指定中学生课外必读文学名著26部，语文新课标又扩展为49部。这些推荐书目及其辅读性小册子一旦被冠以"经典""必读"，就成了出版界一版再版、改头换面的赚钱法宝。经典被误导成了高雅、时尚唯一的代名词。诚然，文学名著不能不读。如余秋雨先生主张，读名著如同抢占军事上的"制高点"，他说："名著不管是不是够格，总是时间和空间筛选的结果。……这本身就是一种极有文化的悬念，光凭着这个悬念也值得去读一读。""更重要的是，名著因被很多人反复阅读，已成为当代社会词语的前提性素材，如果不了解名著，就会在文化沟通中产生严重障碍。"但不能由此认为通俗文学不入流，不登大雅之堂。余秋雨先生从学术角度研究过"赵本山现象"，他说："也许会有人因为他的过于世俗、文化层次不高而轻视他，曾经有人建议，是否让赵本山到戏剧学院进修一下，我却认为他应该是戏剧界研究的对象。"而科学散文作家在报刊上开辟专栏同样受到欢迎，像托马斯的科学散文出版社争相出版。从中不难看出，科学散文和科幻小说的兴旺是与一个国家的科技发展程度成正比的。科技越是发达，国民素质越高，科学散文和科幻小说就越有市场。

　　而根本原因我以为是，传统的思想教育陷入了空洞化苍白说教与成人化机械倾向的泥潭。我们至今一直在大力宣传要加强青少年思想道德建设，其核心要高扬爱国主义主旋律。多少年来我们是如何去理解呢？在对待"大我"与"小我"关系上，一味强调"天下为公""以天下为己任""先天下之忧而忧，后天下之乐而乐"。——大公斗私嘛！个人的独立见解和创造性劳动容易被曲解为个人主义抬头。在处理人与自然关系上，一味强调斗争哲学、进取精神。要靠顽强的意志和毅力去拼搏去攻克难关，很少倡导靠求真务实的科学态度去探索和掌握客观规律。——人定胜天嘛！在认识自然科学与社会科学关系上，淡忘了物质第一性，存在决定意识的常识，在当今大力倡导呼唤人文关怀的同时，淡忘了"科学技术是精神文明的基石"。由此产生青年学生中的"追星一族"现象，他们盲目崇拜文艺界明星、体坛明星等要远远胜过对科学家的崇拜。回顾历史，五四新文化运动高举民主和科学两大旗帜，其中科学就是指自然科学和看待客观事物的科学观点，反对迷信、盲从和武断，树立积极、进取和科学的精神。在探求救国救民的过程中，科学救国曾一度为爱国青年所信奉，而新中国成立后半个多世纪的革命和建设又告诉我们，一定要靠先进的科学技术去发展生产力。改革开放以来的成功实践证明了这一颠扑不破、放之四海而皆准的真理。这一历史性的命题居然要等这么久才为人们所认识！在"科学技术是第一生产力"的观点深入人心的今天，进行科学知识的普及教育和科学价值观的教育，讴歌科学家们为造福人类而孜孜以求的严谨态度和献身精神，本来理所当然地成为爱国主义教育的有机组成部分，然而由于思想上的僵化和教条，却被活生生地剥离出去，成了游离于爱国主义内涵之外的东西。

　　再说，自古以来读书离不开功利两字，赢得"黄金屋""千斛粟""颜如玉"是深入读书人骨髓的信条，而要实现此目的，走科举入仕途是读书人唯一的"正途"。科举考试题目局限在为统治阶级服务的典籍之中，所谓"修身养性治国平天下"之"策论"，说得再透彻一点，就是要驯养出一大批奴性十足的仆人。谁敢"越雷池半步"，轻则榜上无名，重则有坐牢杀头之虞。自然科学连想都不会想，也不敢想，哪里还谈得上科学精神？在充满功利主义和浮躁心态的今天，一旦使读书特别是课外阅读带上严重的功利化色彩，那么，就必然会把科学著作的阅读视为与思想教育毫不关联的纯学术书籍。或晦涩难读，或粗浅不屑一读。那只好弃之一旁了。这就不难理解，写起"感动"征文来，不乏立意深刻的作文，但题材局限在社会科学范围之内，说来写去反映主人公的顽强进取精神的书目占了绝大多数，其中文学名著与校园青春类读物大致平分秋色。前者如《钢铁是怎样炼成的》《牛虻》《老人与海》《浮士德》等，后者如《死亡日记》《在生命弥留之际》《梦里花落知多少》《靠自己去成功》等。参赛者无一例外地为主人公的崇高人格和不凡气度所感动、所折服。此外还有两类题材的稿件值得一提，一是客观评述历史人物，如:《岳飞传》《杨度传》《金庸传》等;二是深情讴歌纯洁爱情，如:《简·爱》《巴黎圣母院》等。阅读并欣赏这些获奖作品，我们不能不思索，是什么让我们如此"感动"？我们完全有理由相信这样一个事实和道理，那就是尽管这些作品中主人公的成长道路与坎坷遭遇有所不同，但他们无一例外地敢于挑战并超越了自我，而这背后闪现着的则是人性的光辉，我以为人性的光辉就是敢于挑战并超越自我的力量所在。"总有一种精神，它让我们泪流满面；总有一种力量，它让我们信心倍增；总有一种人格，它驱使我们不断寻求自我完美……"

　　科学著作难道真的比不上人文作品蕴涵着巨大的感人力量吗？科学家们在研究天文、地理、物理、化学、光学等奥秘时，他们自身会领略到科学的无穷魅力，对普通人来说，在学习和运用科学的过程中也会感受到科学的神奇力量。

　　科学的魅力在于它的博大和神奇。大到大千世界，小到人类自身，都是科学研究的对象。人类凭借科学在揭开浩瀚宇宙奥秘、解读人类基因密码之后，又会发现更多的未知领域和未解难题，于是向新的目标发起攻坚，让人们在看似枯燥乏味的科学研究中感受到无穷乐趣。科学的神奇伟力加速了历史进程，改变了人类的生存方式，人类正是通过科学研究从必然王国走向自由王国。

科学的魅力在于它的客观和公正。科学之所以为科学，就在于它的客观和公正。人类在探索宇宙万物之初，其认知往往是片面甚至是错误的。但随着时间的推移，科学终究走向客观，它以公允无私的面目呈现在世人面前。科学真理有时会掌握在少数人手里，科学家有时会遭到误解甚至冤屈，但科学的进程终究会承认他的见解和学识。科学无国界，说的是不同国度的人在政治观点上可以有着截然不同的看法，但在科学事实和实证面前，科学家都会理性地摒弃个人的不同观点去认同并服从于科学真理。

科学的魅力在于它的永恒和崇高。常识告诉我们，人再伟大，总有被淡忘的一天。比如几千年、几万年之后，人们已记不得某位科学家的名字，但人们永远不会忘记科学家的发明创造。因为他们的发明创造已千百回地被人类运用，也就是说，科学这本永恒的书籍记载着科学家们每一个伟大的实验和结论，这些事实和理论会随着人类文化永存。科学的崇高表现为：科学研究结果都是讲"功利"的，即必须问"有没有用"，没有用的就不算科学（美籍华裔科学家沈致远语）。但科学家研究的动因却从不考虑个人的任何功名和利益，他们始终把科学作为造福人类、推动社会进步的手段。

科学有如此巨大的魅力，难道它不能让我们感动起来吗？关键是我们如何去引导青年学生认识"科学之美"。为此，我曾写过《谈谈科学之美》一文，力求以代表性学科为例，如数学、物理、工程问题、计算机技术，等等，来阐述自然科学给人的精确之美和思考力之美。"真理是简单的，而且越是深层次的、适用范围越是普遍的真理就越简单。简单、深刻、普遍三位一体，这就是科学美之源泉。"（沈致远语）

感动并不完全等同于"激情燃烧"。读科学著作更需要理性的思考和平和的心态。许多科学家的科研情结足以说明这一点。阿基米德在罗马士兵攻占城门后，还在凝视着木板上的几何图形沉思呢。当士兵的利剑指向他时，他却用身子护住木板，大叫："不要动我的图形！"他要求把原理证明完再走。爱迪生上千次试验白炽灯的发光材料时，从不为自己耳聋而感到不便，他说："走在百老汇的人群中，我可以像幽居森林深处的人那样平静。耳聋从来就是我的福气，它使我免去了许多干扰和精神痛苦。"陈景润在攻克"哥德巴赫猜想"一米多高草稿纸的涵养中无法不心静如止水。曾有记者问丁肇中先生："你作为实验科学家，你的主要工作是什么？"他只说了一句话："我只做了一件事——思考！"可见，这种理性和平和是科学家"把个人的科学研究看作是人类共同事业"的必备素质。我们要引导学生通过阅读科学著作去挖掘科学家身上最闪光的东西，去发现科学这智慧女神最靓丽的丰姿，去认识普及科学知识的极端重要性，进而激励广大青年学生热爱科学，崇尚科学，学会思考，学会感动。

一个可喜的现象是，现今中学语文教材已引入多篇可读性强的科学散文，高考语文也把科普文章的测试列为必考内容，以科学为话题的高考作文日渐形成趋势，这些举措都表明，在倡导"以人为本"、呼唤人文关怀的同时，一定不可轻视科学精神和科学素质的培养。这对图书馆人的素质提出了新的要求，作为图书馆教师，每天的工作对象是书，服务对象是人。对书，不求其精，但求其知。只有全面地了解图书信息和所在的馆藏图书，才可能把握方向，突出重点，有的放矢地全面做好各项工作。

（本文摘自江苏省中小学图书馆学会主办的《图书馆通讯》2005年第 1 期，作者为陈锋。）

17. 让教育按照自己的秩序自立
——茶马古道说教育

我喜欢茶马古道，在本世纪初曾先后三次走过。茶马古道自然风光壮观，有东端的石林，西行后有滇池、长江第一湾、虎跳峡、玉龙雪山、哈巴雪山、三江并流、香格里拉等诸多高山峡谷惊艳佳景。茶马古道文化神秘悠久，有东巴文化、纳西古乐，有滇池畔大观楼上的长联等。我欣赏沿路两侧的植被，欣赏云南满山的药材，欣赏大家非常熟悉的普洱茶。

每次走茶马古道都会让人无限遐想，而我当然是思考教育，让大自然与教育链接，让教育与大自然链接，在大自然中探寻教育的真谛。

自然秩序

一次有个30人参加的小型高端精品校长培训班，组织方请我讲学，我建议走茶马古道，边走边讲。他们欣然同意。我给这次行走讲学起名为"让教育按照自己的秩序自立——茶马古道说教育"。行走前我给校长学员们留作业，思考"教育与大自然的关系"。

我们各自飞到云南昆明集汇，先是去东部看了石林，然后游滇池、赏大观楼及其长联，在翠湖茶楼进行第一讲后，再驱车沿茶马古道西行，历时三个多小时来到美丽的大理。大理州所在地是下关。站在下关向北，右手侧是洱海，左手边是苍山，继续向北前行半个多小时车程便是上关。著名的大理古城就在洱海边。

我是第四次来大理。给校长们讲学，就在洱海畔的茶楼。学员们一边品大理的三道茶，一边听我讲学。

我说："校长们听说过'风花雪月'之说吧，其最初不是指爱情或花天酒地的荒淫生活，而是在演绎大理著名的四大自然景观，即下关'风'，上关'花'，苍山'雪'，洱海'月'，简称'风花雪月'。"

接下来我为校长们讲这几大奇特的自然景观。

下关风。在大理州所在地下关，我曾经有三次住过宾馆，其中两次是暑热时，而这没有让人热得难耐的感觉。其中原因就是这里的"风"特别好，既凉爽又不伤人。听当地人说，下关有"风城"雅号。据说这里风的形成与右面苍山的山势有关。真可谓苍山育风，风宜人。

上关花。上关是座花城，到上关进入我们眼帘的是蝴蝶满城，花满地，白族姑娘五人一组，穿着民族服装在欢迎你。白族人爱花，养花已成习惯，上关的地理气候又适宜很多花的天然生长。"上关花"就天然形成了。

苍山雪。因为苍山海拔高、山顶气温低，山上积雪较厚，长年不化，即使到了夏季也是白雪皑皑、银装素裹、灿烂炫目。苍山是我国最南端的雪山之一，也是一山有四季奇景的奇山。

观赏苍山雪，要在较远的距离，才可以全面看到这一壮观奇景，到了近处，又为群山所挡，只能看到一部分雪景。

洱海月。洱海的水，透明度较高，湖面碧波荡漾，每当风和日丽的夜晚，行近洱海之滨，仰望天空，玉镜高悬，俯视海面，万顷银波，一轮明月在海中随波漂荡。

大理地区形成的"风花雪月"是大自然现象，也是一种自然秩序。

大自然形成的现象，在千变万化之中，透着不变的核心规律，千年万年仍是——自然秩序。这是苍天孕育，是自然使然。人类社会和物质世界一样，存在着不以人的意志为转移的客观规律，即"自然秩序"。

自然秩序是苍天为人类社会孕育的一种秩序，这种秩序既支配自然界，又支配人类社会，在儿童就是自然生长。一个国家按照自然秩序发展，才会平和、安详，才会有序前行，才会减少灾害，否则就将进入病态，就会畸形发展。"自然秩序"是所有人必须遵守的，是坚定不移的，不可破坏的，而且一般说来是最优良的规律。

依天地间的自然秩序、儿童生长规律，我提出了"自然生长教育"。

校长们听到此，初步理解了我为什么带他们来洱海畔讲学。随即，大家走出茶楼，观赏月光下的洱海美景。

接下来的话题，是在洱海边的木栈道，一边散步，一边赏月，一边听我娓娓道来。

学校秩序

我们常说，办学要遵循教育规律，遵循儿童生命生长的规律。在学校如何实现按照教育规律办学？那就是要用秩序来保证。

谈到学校秩序，人们首先想到的是规章制度。一所新的学校诞生，管理干部要制定一套规章制度，或一位校长到一所新的学校上任，往往也从抓规章制度做起。

学校不能失序，学校要有序。

那么，学校秩序究竟是什么？要很好地回答这个问题，就要懂得"自然秩序"，就要读懂教育的"自然律"，要读懂学校的"自然律"，特别要读懂儿童生命的成长规律。

如何能让先进的教育思想、教育理念、课程构建等学校元素得以实施，是要有制度保障的。

校长们对魏书生老师一定很熟悉，他在东北盘锦做教育局局长期间，每年的几次重要例行会议都是固定时间，无需重新通知，据说在非典时期都没有乱过。如每年春节后初八上班，早上八点在教育局一楼大厅集合，团拜；年初的教育工作会议，也是固定时间。

据我所知，有些民办学校随意性较强，他们既有决策快的优点，也有太随意的不足。教育改革有时刚刚积累些许好的成果，又被新的"思维"或"创意"推翻。

就我先后做公办学校和民办学校20年校长的经验，学校秩序最重要的是以下四个要素：作息时间、课程表、校历、教育法规（包括执行国家的法规和学校符合国家法规的校规即学校规章制度）。

作息时间表，是学校的第一个教育秩序表，是指学校具体标明各项日常活动开展的时间表，是学校每个部门及其教职员工执行日常工作的时间标准。作和息是张弛关系，是阴阳关系，是劳逸关系。作和息的时间与学生年龄有密切关系。如小学一年级到三年级孩子们的年龄在7～9岁，上课时间以30分钟为宜。小学四年级到六年级，孩子们的年龄在10～12岁，上课时间在35分钟最佳。初中生上课时间以40分钟为好。高中生上课用45分钟。

小学低年级学生集会活动，一般不应超过40分钟。高年级不要超过60分钟。

课程表是最重要的教育秩序表。我到每一所学校去讲学，经常在他们的课程表前驻足，看其合理度。数学课在上午第二节和第三节上最好。语文课应放在上午第一节上。科学课下午三点进行是最佳时间，这时做实验平衡度好。所以，学校的课程表千万不能随意安排，更不宜随意改动，老师间随意换课有失秩序，是大忌。

学生上课，固定在一个教室，效果不好。我自己教化学时，很多时候是在实验室上课。一个真正的好学校，学生在自己教室上课的次数，不应超过一半。语文课可以在图书馆上，在田野上，在湖边上……

目前校历中的寒暑假，很多学校的安排情况堪忧。一次去北方的一个地级城市讲学，地方电视台请我到台里做"教育专家访谈节目"，正是快放寒假的时间，美女主持说："请教育专家对学生的寒假生活给出建议。"我说："第一，睡觉；第二，做家务，了解自己的家；第三，作社会调查，了解你的城市；第四，读书。"主持人问："作业怎么办？"我说："寒假，是因寒而假，因累而假。天已寒冷，学生已经疲劳，学校不要留那么多作业。"主持人说："现在的假期，是第三个学期，孩子们几乎都去参加学习班，专家怎么看？"我说："不赞成。"

一个小时的访谈节目很快过去了。后来主持人发信息说，我的访谈在台里连续播放几次，颇受听众欢迎。

寒暑假失序，是当下教育的一大问题，或是最大的问题。不知道是谁发明了"学习班"，以各种名目占去了孩子们玩儿的时间，让童年失去了美好。

学校秩序主要是遵循自然律，然后是安分守己，不可以朝令夕改。

学校是生命的载体，是学生生命的乐园，是让生命充盈着灵气、智慧、活力、激情和探险的地方，是学生语言、动作、思考、情感、态度培养和形成的最重要的地方。学校是人与人感情交流的精神家园。

让儿童生命生长有序，则需要学校运转有序。

所以，学校应以学生自然生长为序，按学生年龄特点安排作息时间；按认知能力安排课程多少、轻重、难易；按一年四季春夏秋冬安排校历；学校一年的工作计划内容主要是遵循学生自然生长安排做事。这是学校的大秩序，是学校的根本秩序，是以孩子们生命生长规律为前提的教育秩序。

学校秩序——规章制度——要符合教育规律，即符合儿童生命的成长规律是第一位的，这是检验秩序好坏的唯一标准。一旦形成学校秩序，则要坚定不移地遵守，形成学校的一种品质。英国伊顿公学的燕尾服（校服）两百年没有变过，我欣赏。

校长心中有秩序

2014 年 10 月 30 日，我从北京首都机场起飞，去东北美丽的冰城哈尔滨讲学。飞机起飞时，天气有些许小雾。飞机上，我一边品咖啡，一边读着我随身带的《中庸》。这是我的习惯，出去讲学，一路上无论是在飞机上还是在高铁上，陪伴我的是书。"天命之谓性，率性之谓道，修道之谓教。"这是《中庸》开篇语，多么好，几乎道出了教育的原意。

飞机要飞行近两个小时，是我读书的好时光。万米高空读《中庸》，咖啡香中读《中庸》，别有中庸之意。

飞机越往北飞，空中雾气越大，当飞到哈尔滨上空时，雾大得飞机不能降落。空姐通过广播轻声地告诉我们，因大雾飞机在哈尔滨上空盘旋，不能降落。我继续读书，读我的《中庸》。"择乎中庸，得一善，则拳拳服膺而弗失之矣。"

飞机盘旋了约 10 分钟，机上的乘客有些骚动，有些议论。我继续读书。之后 20 分钟，旁边的男士已经问了空姐三次，什么时候能降落。

又过了 10 分钟，空姐柔美的播音声响起："飞机在降落，请系好安全带。"又几分钟后飞机穿过稍微淡些的雾，安全地降落在哈尔滨太平机场。我的阅读也正好到一篇的句号。

第二天，天空晴朗，万里无云，通透得似乎能看到天际。

我的讲学就从这次飞行的故事讲起。"反者道之动。"事物都是反向转化的。此行天气的变化，预示着讲学学校要有渐变，向着好的方向。这是老师们的期待，家长们的期待，孩子们的期待，伟大祖国对教育的期待，对人才的期待。

校长要有秩序感，只有校长有秩序，你的学校才会有秩序。只要校长心中有秩序，尊重秩序，秩序就会眷顾你。拥有约 800 年历史的周朝是由"礼制"开始的，后来孔子说的"克己复礼"就是恢复西周的"礼制"。

儿童秩序

我讲了两个我亲历的故事给校长们听。

故事一：同是6岁孩子，却如此不同。北京西单图书大厦，是我经常去买书和读书的地方。休息日，有时过去读一天的书，中午到旁边一家咖啡店喝杯咖啡，小憩。

2014年7月的一天，我在咖啡厅一边品咖啡一边读书。邻桌的两个妈妈在聊孩子的事情。一个是在北京大公司上班的高级白领，是海归。一个是从郊县过来给孩子买幼小衔接考试书的妈妈。两个孩子都是6岁，暑假后就要读小学一年级。

郊县这位妈妈说："我给孩子报了英语学习班，画画学习班，钢琴学习班，数学学习班，国语学习班。""带孩子参加七八个学习班，一天忙得很。""这不，抽时间过来给他买一年级考试的复习书。"

海归妈妈说："我的孩子没有参加任何学习班，我带他去公园玩儿，去湖边玩儿，去看大海，去登山。""我经常带他来图书大厦阅览图书。""我对孩子没有学习知识的要求，只要他开心快乐就好。"

在两位妈妈聊天时，我一直在观察两个男孩子的状态。海归妈妈的男孩儿，阳光灿烂，一看就是很睿智颖悟的儿童。参加学习班的男孩儿，看起来有些累，有些疲倦，精神状态不是很好。

我的桌旁放着几本书，其中一本是我的《自然生长教育——包祥讲家教八部曲》，郊县妈妈看到了，过来翻看，得知我是作者，便向我请教如何教育孩子。

我说："您应向这位海归妈妈学习，不要带孩子参加那么多学习班。童年是属于大自然的，没有比大自然更好的老师，带孩子到大自然中去吧。你看看孩子的疲劳样，没有到学习知识的年龄就学习大量知识，对孩子是一种摧残。孩子在生长过程中已经失序了，或者说很混乱了。"

郊县妈妈要了我的微信号，说到图书大厦买我的这本书，就千恩万谢后带着孩子出发往图书大厦去了。

看着这对母子的背影，我似乎看到了中国妈妈们育儿的困惑，为这个小男孩和众多类似的孩子们的未来担忧，也为我们的民族的未来担忧。

我问海归妈妈："你的儿子马上要上学了，怎么办？"她说："带他到北美去上学，孩子的爸爸已经先去了，我们过了暑假就去。"

我无语。呆呆地坐在咖啡厅，一个下午我都无语。我们的教育在做什么？在摧残儿童吗？在逼家长们非要带孩子到国外读书吗？作为有三十几年教育工作经历的老教育工作者，我发自心底在呐喊——让教育按照自己的秩序自立，让儿童自然生长吧。

故事二：姥姥千里寻优教。深秋萧瑟，草木枯败，一派灰蒙蒙的景象，让人有些郁闷。东北三位姥姥家长，带三个 4 岁半的小女孩，千里迢迢来到中原找我。一是向我请教家教的问题，她们说一直在读我的《自然生长教育——包祥讲家教八部曲》；二是要在附近租房子住，让孩子接受自然生长教育。

三位家长，听我讲学校"八大文化景观"，体会在学校"读书广场"读书的气氛，到小木屋（自然生长教育研究院）听我讲自然生长教育的真谛，带孩子在学校游泳馆游泳，在运动场看满校园生命的律动，然后体验田园课程，等等。

清晨琅琅的读书声，下午众多活动课，农庄的田园手工，自然生长教育课程在呈现生命的灿烂。三位家长感叹，现在有的学校塞给孩子们的不是教育，而是"削刚为柔，塞智为昏，变恩为惨，染洁为污，坏了一生人品"。

三位姥姥家长，一位是公安局退休的，一位是公共事业局退休的，一位还是教育局退休的老教育工作者。三位家长反复同我说，退休了带第三代，让孩子接受好的教育，是她们最大的愿望。她们千里慕名而来，欣赏我的自然生长教育。

我被三位姥姥家长的行为感动，也为三个小朋友接受自然生长教育而欣慰。

自然生长教育呈现的是真正的教育的秩序，是儿童生命生长的秩序。

教学秩序

我上学时，遇到了几位好老师。我独欣赏他们的教学秩序。

教学是慈爱。那是 20 世纪 60 年代，我开始上小学。一年级班主任戴老师教我们语文、数学。戴老师对我们特别好，在我的记忆里，她没有批评过任何学生。她教了我们哪些知识，用了什么教学法我已全然不记得，唯记住课堂上她把爱落在了教我们握笔方式、书写规则、朗读、默读、演算、坐姿、站立、走路、开门、问好等上面，让我终身受益。

教学是诗化。三年级班主任甘老师是一位男老师。语文课上甘老师用标准的男中音朗读，让课文内容有了生命感，场景跃然纸上，紧紧吸引我们喜欢语文，若干年后仍然如是。甘老师让我们学诗、背诗，他的语文整个就是诗化的、美化的，是童话。后来我喜欢学诗，写诗，源于甘老师。

教学是博学。初中语文于老师在我印象里就是文学的化身。于老师讲语文，善于旁征博引，上下五千年，纵横九万里，典故随手拈来。语文课，他放收自如，时而快，时而慢；时而阔，时而缩；时而扬，时而抑。我学习语文，好像从于老师开始升华，懂得了些许文学、文化。每次语文课下课，我都愿意到黑板上，模仿于老师的字。于体行书运笔在黑板上，每幅都是艺术品。

教学是影响。高中班主任是数学安老师，他的数学基本功是一绝，在黑板上画圆、三角形、四边形、椭圆，从不用教具，落笔即成。安老师解题，如行云流水，看着，听着，学着，跟着，是一种享受。安老师用他的数学逻辑，演绎黄金比例、无穷大无穷小、优选法等的无穷曼妙。他经常给我们讲"哥德巴赫猜想""高斯定理"等高端数学故事。受安老师影响，我们的高中数学是在欣赏、愉快中学过来的，哪有学不会之理。

教学是不讲。读高二时，刘老师教我们语文，他是早年的文学硕士。刘老师教语文从不讲课本上的课文，让我们自己读便是。周一语文课，刘老师发给我们一篇他亲手刻钢板油印的精美小文，有散文、记叙文、议论文，也有诗词、小小说等。文章在1000字内。周一、周二刘老师让我们精读、理解、背诵。周三、周四模仿写800字的作文，文体不限。周五让我们在小组读作文分享，周六选出四名同学在全班朗读。刘老师作10分钟点评。下周如是。我后来的写作能力的提升，得益于刘老师的这种教学法。

教学是激发。高中物理何老师，讲物理从《大学》的"格物""致知"开始，他对物理善于格物致知，把物和理分析得一清二楚、透彻见底，逻辑思维清晰，我们听得明白清楚。何老师的鲜明特点是感情饱满。物理学是科学，科学如何融入人文，让我们有感情地学习，何老师的课了然回答。何老师教学最大的特点是激发我们，挑战疑难，他经常带我们设计复杂实验，然后由我们步步攻破。何老师的学生中后来有几位成了物理学家。

教学是育美。音乐马老师，举手投足间都是艺术。马老师的音乐课堂有独唱、合唱、小组轮唱，在教室唱、树荫下唱、小河边唱，站着唱、坐着唱、边跳舞边唱。马老师说："百年欧洲文艺复兴，开启了工业革命。""学校先有音乐、美术这样的育美学科，才有物理、化学等学科。"马老师说："你们要想当科学家、工程师，要懂得艺术，懂得美。"我最欣赏马老师指挥的无伴奏合唱。人类最早的合唱应该是无伴奏的天籁之音。"音乐不是副科"，马老师呼唤到退休。

还有劳技课的服装设计，老师着装得体，设计巧妙，仅学了一个学期，竟然影响我后来多年的着装品质。

老师们都有自己的教学风格，彼此难以重复或替代。教学本质上是个体创造，而非效仿。一所学校为什么一定要整体实施"三步教学法""五步教学法"呢？

我突发奇想，把老师们的教学行为绘在数学坐标系上，竟然呈现出一个精美的太极图，美在秩序。我顿悟，教学是秩序。这幅太极图，就是我的生长之路。我若仅遇到一两位好老师，那是不可思议的。

罗贯中在《三国演义》里说："数之所在，理不可夺之。"现在的人们过多地阐述理，忘了教学常道。更有甚者，什么翻转课堂，什么重构教学，对原有的统统抹杀，力图重新建立全新的教学体系，这正反映了教育文化的幼稚，以及教学改革者们的浮躁甚至极端。当年蔡元培任北京大学校长，几乎只做一件事——满世界请好老师。

月至最明时，我的讲学结束。主持人说："包祥先生开启了湖边讲学，茶楼讲学，大自然里讲学的新风。更珍贵的是，他把自然秩序与教育对接，让我们邂逅美，邂逅文化，邂逅大自然，醒悟教育。"

在往回走的路上，我想起胡适说的话："一个民族和族群，总是在提倡道德而不注重规则，这个民族是会道德沦丧的。"

结束语　我在用一生探求教育

　　青岛八大峡我的端然书屋，阳台正面向黄海，开阔辽远到天际。天是蔚蓝，海是碧蓝……白云下海鸥在自由飞翔。

　　冬日的暖阳，带着海洋润润的气，淡淡地扑面而来。我品着秋季新产的崂山红茶，在妻子的陪伴下，汇集我多年的积累，整理成新书《美的邂逅——中国文化的教育启示》，一个寒假每天如是。小外孙子科比刚刚咿呀学语，也蹦蹦跳跳地不停嚷嚷着"人之初，性本善"，"一去二三里，烟村四五家……"

　　冬季是藏的季节。这个农历甲午年的冬季，我把平时阅读名著的积累、探寻、思考，以教育为语落在了《美的邂逅——中国文化的教育启示》。

　　从中国文化中萃取教育，是我多年的努力。我读了大量名著。名著是经典。经典是对宇宙、自然、人生、社会的最深刻的介绍，可以开启人的智慧。

　　经典告诉我们宇宙人生的规律，人事行为的道理，使我们能从最深的层面、最广的角度认识和思考宇宙人生，使我们获得真正的人生智慧。经典里有教育，有对教育规律的揭示。我在做的就是"揭示教育规律"，也许我还没有完全做到。

　　我非复古，而是在"盘古"，在盘问古之道，在找寻教育的大道，并一以贯之。大道是寂寞的。从黄卷青灯里，从晨钟暮鼓中，从那些古老的线装书里，寻找出中国文化里庄严正大而又沉着安稳的教育。寻找出名著里的教育，非一日之功，非寻常之事，我在用一生做着。

文化中有民族的集体人格。中国文化有内在的积淀，深厚的传承。从中国文化理解，中国人对个性的尊重是以遵守天道为前提的。当教育要纠正整齐划一模式，宣扬个性时，有的已经走向了另一个极端——人无限自由，甚至有了贪欲、惰性、享乐等，这是多么可怕的现象。

中国人有圆融、理性和辩证通达精神。千年"民质"难以"速化"。一个民族在长期适应自身面对的自然与社会环境的挑战过程中形成的"阅历"、经验与习俗对这个民族的进步具有重要的意义。"言治不求之历史，是谓无根。"

我"浪迹四野，风尘满身"地追寻教育，时时体会着"万里归来卜筑居"，在寻找归处。提笔著书写教育时，有"更觉落笔难"之感，即使落笔了也"书不尽言，言不尽意"。

寻求教育真谛，我时有孤独，孤独地追寻着，执著地追寻着，三十几年如是也。

中国文化，那是浩瀚无垠的宇宙，那是波涛汹涌的大海，那是奔流遥远的江河，那是原子世界里宏大的电子云，那是万里网络千载微博……有宏观，有微观，在写天道，在写人道，在说文化，在说教育。中国文化是一个多侧面、多层次复杂的有机整体。中国文化永远是我们前行的动力。名著是"经国之大业，不朽之盛事"。

寻找失落的精神呼声不绝，而以实际行动应者寥寥。历史的记忆与现实的搏击中，倘若只能将珍贵的足迹埋在纪念馆或宣纸古书里，却不能刻入时代的年轮中，那么叹息也是枉然，不如奋笔疾书，不如践行。

非常感谢本书中所提到的教育同仁，感谢一路陪伴我写书的妻子赵淑华女士，感谢读小学五年级的巴特小朋友帮我校对和给我建议。

感谢华师大出版社出版本书。尤其感谢朱永通编辑，他是一位非常有教育情怀的编辑。本书原定名字是《名著里的教育》，他建议用《美的邂逅——中国文化的教育启示》，并对书的体例作了调整。

"有朋自远方来，不亦说乎？"一个人在为天下国家、千秋教育大业着想的时候，也是寂寞的时候，有个知己来了，那是多么高兴的事情。此"远"是知己难得。

　　"河汾房杜有人疑，名位千秋处士卑。一事平生无齮齕，但开风气不为师。"

乙未年初于青岛八大峡端然书屋

图书在版编目（CIP）数据

美的邂逅：中国文化的教育启示 / 包祥著. —上海：华东师范大
学出版社，2015.12

ISBN 978 - 7 - 5675 - 4538 - 0

Ⅰ.① 美... Ⅱ.① 包... Ⅲ.① 中国文化—研究 Ⅳ.① K203

中国版本图书馆 CIP 数据核字（2016）第 010291 号

大夏书系·通识教育

美的邂逅
——中国文化的教育启示

著　　者	包　祥	
策划编辑	朱永通	
审读编辑	张思扬	
封面设计	曾　弗	

出版发行　华东师范大学出版社
社　　址　上海市中山北路 3663 号　邮编　200062
网　　址　www.ecnupress.com.cn
电　　话　021 - 60821666　　行政传真　021 - 62572105
客服电话　021 - 62865537
邮购电话　021 - 62869887　　地址　上海市中山北路 3663 号华东师范大学校内先锋路口
网　　店　http://hdsdcbs.tmall.com

印　刷　者　北京密兴印刷有限公司
开　　本　700×1000　16 开
插　　页　1
印　　张　11.5
字　　数　149 千字
版　　次　2016 年 3 月第一版
印　　次　2019年10月第四次
印　　数　11 101-14 100
书　　号　ISBN 978 - 7 - 5675 - 4538 - 0 / G · 8941
定　　价　32.00 元

出版人　王　焰

（如发现本版图书有印订质量问题，请寄回本社市场部调换或电话 021-62865537 联系）